SMOOTHIES
FÜR ALLE JAHRESZEITEN

ASTRID BÜSCHER

INHALT

BUNT, GESUND UND SAISONAL	5	**HERBST**	95
FRÜHLING	17	**WINTER**	135
SOMMER	55	**REGISTER**	172

BUNT, GESUND UND SAISONAL

Obst, Gemüse, Salate und Kräuter sind in jeder Jahreszeit eine gute Wahl, wenn es um gesunde Ernährung geht. Wer darauf achtet, Gemüse und Obst möglichst in ihrer Saison vom Bauern aus der Nähe zu kaufen, und importierte Südfrüchte in Maßen genießt, tut auch der Umwelt etwas Gutes. Sogar für die kalten Jahreszeiten gibt es viele Tipps und Tricks, damit Sie nicht auf die samtweichen Vitaminkicks verzichten müssen.

Ein frischer Drink zu jeder Jahreszeit

Fünf Portionen Obst und Gemüse täglich empfehlen Wissenschaftler für eine gesunde und ausgewogene Ernährung. Doch nicht jedem fällt es leicht, diese Mengen zu bewältigen. Kein Wunder, dass Smoothies so beliebt sind. Frisch zubereitet aus Obst, Gemüse, Salaten und Kräutern, bieten sie neben dem kulinarischen Vergnügen Schluck für Schluck ein Komplettpaket an Vitalstoffen. Cremig aufgemixt, gehen auch große Mengen »leicht runter« und füllen den Magen, ohne ihn zu belasten. In einem Smoothie findet sich alles, was die Natur in ganze Früchte, Blätter, Knollen und Kräuter hineingepackt hat. Mixen Sie diese Drinks einfach nach Geschmack und saisonalem Angebot und achten Sie dabei auf Vielfalt. Je abwechslungsreicher, desto besser und gesünder.

Die Zutaten für die Smoothies dieses Buches finden Sie – bis auf wenige Ausnahmen – in jedem Supermarkt. Ein Gang über den Wochenmarkt lohnt trotzdem immer: Gerade im Sommer und Herbst gibt es nur hier regionale Spezialitäten wie Weinbergpfirsiche, Tomaten aus dem Umland, alte Apfelsorten oder Mairübchen zu entdecken. Kurze Wege und vollreif geerntete Früchte garantieren einen besonderen Genuss.

Warum heimisches Obst?

Der Nährstoffgehalt von Obst und Gemüse hängt nicht nur von Klima, Sonnenstunden, Bodenbeschaffenheit und Düngung ab. Auch der Reifegrad der Früchte beim Ernten, die Lagerbedingungen und die Zeitspanne bis zur Zubereitung bestimmen den Gehalt an Wertstoffen. Unreif geerntete Früchte aus weit entfernten Anbaugebieten enthalten von vornherein nicht so viele Vitamine und Bioaktivstoffe, lange Transportwege machen die Verluste noch höher. Die Smoothie-Rezepte in diesem Buch sind nach dem Angebot der Jahreszeiten geordnet, denn dann sorgen kurze Wege für Frische und damit für einen hohen Nährstoffgehalt. Aromatischer sind reif gepflückte Früchte, ausgereiftes Gemüse und Freiland-Kräuter sowieso.

Studien zeigen, dass zum Beispiel Vitamin C und das häufig knappe B-Vitamin Folat besonders empfindlich sind gegen Wärme, Licht und Sauerstoff. Smoothie-Zutaten, die lange Transportwege hinter sich haben, bringen weniger Gesundes ins Glas. So sinkt der Vitamin-C-Gehalt von Spinat bei zweitägiger Lagerung bei 20 °C um 80 Prozent. Werden die frischen Blätter im Kühlschrank gelagert, sind es in der gleichen Zeit nur etwa 30 Prozent.

Das Gute liegt so nah

Die nahesten Anbaugebiete für frisches Obst und Gemüse liegen oft auch jenseits der Grenze. Für Süddeutsche sind italienische Erdbeeren naheliegend, wer in Berlin und Brandenburg wohnt, kauft polnische Heidelbeeren und Westdeutsche entscheiden sich im Zweifel auch für holländische Früchte, um lange Transportwege zu vermeiden.

Niemand muss auf exotische Früchte verzichten. Aus ernährungsphysiologischer Sicht sind sie sogar empfehlenswert. Auch bei Südfrüchten gilt: Je näher das Herkunftsland, desto besser. Spanische Orangen haben einen Transportweg von etwa 2000 Kilometern, der einer südafrikanischen Apfelsine ist viermal so lang. Außerdem belastet der Transport mit dem Schiff die Umwelt weniger als der mit dem Flugzeug.

Grüne Smoothies

Die fruchtig-bunten Obstdrinks haben bereits viele Freunde gefunden. Jetzt stehen zusätzlich Grüne Smoothies hoch im Kurs. Ihr besonderer Reiz liegt in der Kombination von Obst und grünem Gemüse.

Außer Salat, Blattgemüse und Küchenkräutern werden hier auch Wildkräuter verwendet, die früher als Unkraut galten. Sogar Schalen und Blätter, bislang als Abfall auf dem Kompost entsorgt, geben diesen Drinks einen besonderen Kick. Ein paar Handgriffe und eine Minute im Hochleistungsmixer reichen aus, um mit Kohlrabi- oder Radieschenblättern, Spinat oder Petersilie, Giersch oder Gänseblümchen einen verblüffend leckeren Drink zuzubereiten.

Erlaubt ist, was gefällt

Auch wenn mancher Smoothie-Fan an Versprechungen wie etwa Stärkung des Immunsystems, Gewichtsabnahme, Steigerung der Konzentrationsfähigkeit und Anti-Aging-Effekte glaubt: Einer wissenschaftlichen Prüfung können solche Aussagen nicht standhalten. Trotzdem bringen Smoothies viel Gesundes ins Glas. Der einfachste Weg: Verwenden Sie unverarbeitete Naturprodukte aus der Region, wenn es die Jahreszeit erlaubt. Im Winter und in den ersten Frühlingsmonaten greifen Sie für abwechslungsreiche Smoothies auch auf Tiefkühlkost, Konserven, Säfte und Trockenfrüchte aus dem Vorrat und zu importierten Früchten.

Warum selbermachen?

Das Angebot an fertigen Smoothies lässt zu wünschen übrig: In den meisten Läden gibt es nicht mehr als vier, fünf Sorten. (In diesem Buch finden Sie dagegen 140 Rezeptideen.) Auch die Zutatenliste von Supermarkt-Smoothies ist kurz. Die meisten Dinks bestehen in der Hauptsache aus Bananen-, Apfel- und Birnenmark. Ganz anders bei selbstgemachten Smoothies: Da schaut man in den Obstkorb oder bummelt im Sommer über den Wochenmarkt und ruckzuck entstehen abwechslungsreiche köstliche Drinks. Ein Mix aus frischen Erdbeeren mit saftigem Pfirsich, duftender Minze und exotischer Kokosmilch ist innerhalb von Minuten zubereitet, erfrischt und steckt voller nützlicher Biostoffe – aromatischer und gesünder geht's nicht.

Saisontabelle

Legende: G = grün (Saison), B = blau (Lager-/Importware)

	JAN.	FEB.	MÄRZ	APR.	MAI	JUNI	JULI	AUG.	SEP.	OKT.	NOV.	DEZ.
Gemüse												
Bataviasalat					G	G	G	G	G			
Chicorée	G	G	G	G	B	B	B	B	G	G	G	G
Chinakohl	B	B	B	B	B	G	G	G	G	G	G	G
Eichblattsalat				G	G	G	G	G	G	G		
Eisbergsalat	B	B	B	B	G	G	G	G	G	G	B	B
Endivie	B	B	B	B	B	G	G	G	G	G	G	B
Feldsalat	G	B	B	B	G				G	G	G	G
Frühlingszwiebeln	B	B	B	B	G	G	G	G	G	G	B	B
Kohlrabi	B	B	B	B	G	G	G	G	G	G	B	B
Kopfsalat	B	B	B	B	G	G	G	G	G	G	B	B
Lollo rosso/Bionda	B	B	B	B	G				G	G	B	B
Mairüben					G	G	G	G		G		
Mangold	B	B	B	B	G	G	G	G	G	G	B	B
Möhren	B	B	B	B	B	G	G	G	G	G	B	B
Paprika	B	B	B	B	B	B	G	G	G	G	B	B
Radicchio	B	B	B	B	G	G	G	G	G	G	B	B
Radieschen	B	B	B	G	G	G	G	G	G	G	B	B
Romanasalat	B	B	B	B	G	G	G	G	G	G	B	B
Rote Bete	G	G	G	G					G	G	G	G
Rucola	B	B	B	B	G	G	G	G	G	G	B	B
Salatgurken	B	B	B	G	G	G	G	G	G	G	B	B
Spinat	B	B	B	G	G	G	G	G	G	G	B	B
Staudensellerie							G	G	G	G	G	
Teltower Rübchen									G	G	G	
Tomaten	B	B	B	B	G	G	G	G	G	G	B	B
Obst und Beeren												
Ananas	B	B	B	B	B					B	B	B
Äpfel	G	G	G	G	B	B	B	G	G	G	G	G
Aprikosen					B	B	B	B				
Avocados	B	B	B	B	B				B	B	B	B
Bananen	B	B	B	B	B	B	B	B	B	B	B	B
Birnen	B	B	B					G	G	G	B	B
Brombeeren	B	B		B			G	G	B	B		
Clementinen/Mandarinen	B	B	B								B	B
Cranberrys	B	B							B	B	B	B
Erdbeeren			B	B	G	G	G					

8 SMOOTHIES FÜR ALLE JAHRESZEITEN

	JAN.	FEB.	MÄRZ	APR.	MAI	JUNI	JULI	AUG.	SEP.	OKT.	NOV.	DEZ.
Feigen									I	I	I	I
Granatäpfel									I	I	I	I
Grapefruits	I	I	I	I	I	I	I	I	I	I	I	I
Heidelbeeren	I		I				H	H				
Himbeeren						H	H	H	I	I		
Holunderbeeren								H	H	I	I	I
Honigmelonen				I	I	I	I	I				
Johannisbeeren, rot						H	H					
Johannisbeeren, schwarz							H					
Kakis	I	I	I							I	I	I
Kapstachelbeeren (Physalis)	I	I	I									I
Kirschen, sauer						H	H					
Kirschen, süß						H	H	I				
Kiwis, gelb	I	I	I	I	I							
Kiwis, grün	I	I	I	I	I	I				I	I	I
Litschis	I	I	I	I	I						I	I
Limetten	I	I	I	I	I	I	I	I	I	I	I	I
Mangos	I	I	I	I	I	I	I	I	I	I	I	I
Maronen	I	I	I							I	I	I
Melonen					I	I	I	I	I	I		
Mirabellen								H	H			
Nektarinen						I	I	I	I			
Orangen	I	I	I	I	I	I	I	I	I	I	I	I
Papayas	I	I	I	I	I	I	I	I	I	I	I	I
Pfirsiche						I	I	I	I			
Pflaumen		I	I	I	I		H	H	H	H		
Pitahayas	I	I	I	I	I	I	I	I	I	I	I	I
Preiselbeeren	I		I					H	H	I	I	I
Stachelbeeren						H	H					
Weintrauben	I	I	I	I	I	I	I	I	H	H	I	I
Zitronen	I	I	I	I	I	I	I	I	I	I	I	I
Kräuter												
Basilikum						H	H	H	H	H		
Pfefferminze						H	H	H	H	H		
Petersilie					H	H	H	H	H	H	H	H
Thymian					H	H	H	H	H	H		
Zitronenmelisse						H	H	H	H	H		

Legend: I = als Importware verfügbar; H = heimische Saison

WAS KOMMT IN DEN MIXER?

NACHREIFENDES OBST:

Äpfel, Aprikosen, Avocados, Bananen, Birnen, Feigen, Kiwis, Mangos, Nektarinen, Papayas, Passionsfrüchte, Pfirsiche, Pflaumen

NICHT NACHREIFENDES OBST:

Ananas, Blaubeeren, Brombeeren, Erdbeeren, Himbeeren, Kirschen, Wassermelonen, Weintrauben, Zitrusfrüchte

Frische Früchte

Von den ersten heimischen Erdbeeren im Mai bis zu den letzten Birnen und Weintrauben im Oktober verwenden Sie am besten heimisches Obst aus der Umgebung. Voll ausgereifte Früchte verfügen über ein Höchstmaß an wertvollen Inhaltsstoffen. Abends oder zum Wochenende hin wird richtig reifes Obst auf Wochenmärkten oft sogar besonders günstig verkauft, da der Händler empfindliche Früchte nicht mehr zurücktransportieren möchte.

Nachreifende Früchte können Sie auf Vorrat und nicht ganz ausgereift kaufen. Sie entwickeln ihr typisches Aroma nach und nach auch im Obstkorb. Andere Sorten reifen nach der Ernte nicht nach. Kaufen Sie diese Früchte nur, wenn sie ihre Farbe voll entwickelt haben, gut duften und frisch aussehen.

Kein frisches Obst im Haus?

Wenig Zeit zum Einkaufen oder Lust auf einen spontan gemixten Smoothie? Kein Problem: tiefgekühlte Beeren und Fruchtmischungen, Trockenfrüchte wie Aprikosen, Feigen oder Datteln, 100-prozentige Fruchtsäfte oder naturbelassene Fruchtkonserven ohne Zuckerzusatz sind willkommener Ersatz, wenn frische Früchte gerade nicht greifbar sind.

Rohkost im Glas

Für Grüne Smoothies kommt auch Pflanzengrün in den Mixer – grob gerechnet pro Glas etwa eine kleine Handvoll. Es gibt viel Auswahl an Grünem, das gut in Smoothies passt: Alle Sorten Blattsalat, wie Rucola, Chicorée, Radicchio und Kopfsalat gehören genauso dazu wie Gemüseblätter von Kohlrabi, Radieschen, Möhren, Rote Bete und Sellerie. Auch Küchenkräuter wie Petersilie, Schnittlauch und Kresse bringen Aroma in die cremigen Getränke. Verwenden Sie zum Ausprobieren zunächst nur wenige Kräuterstängel, denn die würzigen Pflänzchen schmecken bei zu großer Menge leicht hervor und drängen andere, köstliche Zutaten in den Hintergrund. Wer es eilig hat, verwendet fertige Blattsalate aus dem Kühlregal der Gemüseabteilung sowie Sprossen. Beide sind bereits geputzt und müssen nur noch einmal kurz gewaschen werden, bevor sie in den Mixbehälter wandern.

Für Smoothies sind Gemüsesorten besonders geeignet, die viel Wasser enthalten. Also z. B. Gurke, Tomate und Paprika, denn sie bestehen zu über 90 Prozent aus Flüssigkeit. Der Rest ist ein hochwertiger Cocktail aus Vitaminen, Mineralstoffen und sekundären Pflanzenstoffen, die die Bandbreite an Bioaktivstoffen in Smoothies aufs Köstlichste erweitern.

SELBER EINFRIEREN

Obst für Smoothies friert man am besten in der Hochsaison ein, wenn vollreife, saftige Ware im Überfluss angeboten wird. Wer also Zeit und ein wenig Platz in der Gefriertruhe hat, kauft einen Extraposten Kirschen, Erdbeeren oder Aprikosen und bereitet die Früchte fürs Einfrieren vor. Dass nur einwandfreie Früchte verwendet werden, versteht sich von selbst. Das Obst waschen und trocken tupfen, je nach Sorte Kerngehäuse, Steine oder Kerne entfernen und so zerkleinern, dass man die tiefgefrorenen Früchte später direkt in den Mixer geben kann. Die Fruchtstückchen sollten also nicht zu groß sein: Pflaumen und Aprikosen daher halbieren, Äpfel und Birnen grob würfeln. Praktisch sind einzeln entnehmbare Fruchtstücke. Frieren Sie das Obst daher erst einmal auf einem Brett, einem großen Teller oder einer Kuchenplatte nebeneinander ein. Nun können Sie Ihre Tiefkühl-Schätzchen in einen Gefrierbeutel füllen und zurück in die Truhe geben. Ein toller Vorrat für die Zeit von November bis April, in der unsere Wochenmärkte außer gelagerten Äpfeln und Birnen kein heimisches Obst zu bieten haben.

Von Feld und Wiese

Gesammelte Wildkräuter und Blätter von Bäumen oder Sträuchern bieten eine große Vielfalt und eignen sich für Liebhaber der sattgrünen Drinks. Wer sie testen möchte, probiert mit den Wildkräuter-Smoothies ab Seite 64, wie es geht. Falls Sie Pflanzenpower aus der Natur sammeln möchten, ernten Sie nur Kräuter und Blätter, die Sie genau kennen. Nicht alles, was die Natur zu

bieten hat, eignet sich für den Verzehr. Für die Ernte stark befahrene Straßen, Hunde-Spazierwege und landwirtschaftlich genutzte Flächen meiden. Umweltbewusste Kräutersammler reißen die Pflanzen nicht mit der Wurzel aus und sammeln nur, was Sie verbrauchen.

Drinks verschlanken

Wenn ausschließlich Obst, Gemüse, Salate und Kräuter im Mixer zerkleinert werden, ist das Ergebnis meist recht dickflüssig. Zum Verdünnen gibt es verschiedene geeignete Zutaten:

Preiswert und immer zur Hand ist **Leitungswasser**. Am besten schon zu Beginn einen Schuss davon zusammen mit den anderen Zutaten in den Mixer geben und wenn alles fein püriert ist, nach Geschmack mehr zugießen. Verwenden Sie **Mineralwasser**, gelangt noch eine kleine Dosis Kalzium, Magnesium & Co. in den Smoothie. Und wer es eiskalt schätzt, verwendet zum Verdünnen der Vitamindrinks **Eiswürfel**. Diese werden am besten nach und nach zum Drink gegeben, damit das Schneidwerk des Mixers sie zerkleinern kann.

Für eine Extraportion Eiweiß, Kalzium und Magnesium schwört mancher auf Mixdrinks mit **Milch**, **Joghurt**, **Kefir und Buttermilch**. Verwenden Sie am besten Naturprodukte, die gesüßten Fruchtvarianten enthalten meist nur einen geringen Fruchtanteil, dafür ist der Zuckergehalt häufig hoch. Für ein samtiges Mundgefühl können Sie die »Hochprozenter« unter den Milchprodukten wählen. Ein Trick für Kalorienbewusste: fettarme Milchprodukte auswählen und ein, zwei Teelöffel **Magermilchpulver** in den Smoothie mixen. Das erhöht den Fettgehalt des Drinks kaum, erzielt aber ein geschmeidiges Mundgefühl.

Kalter Tee eignet sich ebenfalls zum Verdünnen von Smoothies: Grüner, weißer und schwarzer Tee, Kräuter- und Früchtetee steuern nicht nur überraschende geschmackliche Akzente bei, sie bereichern die Mixgetränke auch je nach Sorte mit bioaktiven Substanzen wie Flavonoiden, Phenolsäure und Koffein – ohne das Kalorienkonto zu belasten.

Für cremigen Genuss

Für das angenehm geschmeidige Mundgefühl von Smoothies sind ein paar Zutaten besonders geeignet:

Die Fruchtigen: Avocado und Bananen sind die klassischen Zutaten für den cremig-fruchtigen Touch in Smoothies. Einen ähnlichen Effekt erreichen Sie aber auch mit vollreifen Kiwis, Pfirsichen, Nektarinen und Pflaumen.

Die Weißen: Nicht nur Milch, Joghurt & Co. verleihen Smoothies ein rundes Mundgefühl. Kokos- und Nussmilch, Hafer-, Reis- und Sojadrink sorgen ebenso für pastellfarbene, sanfte Drinks. Wer auf den Geschmack von Nuss- und Mandelmilch gekommen ist, kann sie selber zubereiten. Das Rezept dafür finden Sie im Tipp auf Seite 98.

Die Kernigen: Nüsse und Mandeln können schon in kleinen Mengen für ein smoothes Gefühl im Mund sorgen. Allerdings zerkleinert nur der Hochleistungsmixer die kleinen Power-Pakete fein genug für diesen Effekt. Alternative: Ungesüßtes Mandel- oder Nussmus aus dem Reformhaus oder Bioladen.

Ein Löffelchen Zucker?

Ihnen reicht die natürliche Fruchtsüße der Smoothies für einen runden Geschmack aus? Klasse! Alle anderen probieren den Smoothie am besten erst einmal ohne Zugabe von Zucker, Honig und all den anderen Arten von Süßungsmitteln. Vielleicht werden Sie das eine oder andere Mal davon überrascht sein, dass der Mix aus vollreifen Früchten doch Ihrem Süßanspruch genügt. Gerade bei Smoothies, die Trockenfrüchte wie Rosinen, Datteln oder Feigen enthalten, gelingt das häufig.

Bevor Sie jedoch auf die Vitaminpower der Smoothies verzichten, weil sie Ihnen nicht süß genug schmecken, helfen Sie etwas nach. In den Rezepten finden Sie einen Vorschlag, welche Süße besonders gut zu den verwendeten Zutaten passt. Wer auf Zuckerkalorien verzichten möchte, wählt flüssigen Süßstoff.

IN KLEINEN SCHRITTEN ZUCKERFREI

Forscher eines EU-Projekts raten zu einem reduzierten Zuckerkonsum. Sie empfehlen, dabei ganz behutsam vorzugehen und die Geschmacksnerven nur schrittweise an weniger Süße zu gewöhnen.

Das gewisse Extra

Wer seinen Drink noch etwas aufpeppen möchte, kann mit wenigen Handgriffen noch etwas Zusatz-Charme ins Glas zaubern:

- Vanille und Zimt sind die **klassischen Gewürze** für süße Smoothies. Verschärft leckere Akzente setzen aber auch Muskatnuss, Sternanis, Tonkabohne, Kreuzkümmel, Macis, Pfeffer oder Cayenne.

- **Aromatische Nüsse und Samen** bringen außer ihrem köstlichen Geschmack noch eine ganze Menge mehr mit: Die kleinen Energiepakete sind voll von hochwertigen Fetten, Ballaststoffen, fettlöslichen Vitaminen und Mineralstoffen. Mandeln, Hasel- und Walnüsse, Sesam, Sonnenblumen- und Kürbiskerne sowie Mohnsamen veredeln Ihre Smoothies auf gesunde Art.

- Schon wenige Tropfen feiner, **kalt gepresster Öle** genügen, um cremigen Drinks mit edlen Aromen einen raffinierten Kick zu verpassen. Das gelingt am besten mit natürlich aromatischen Ölen wie Oliven-, Nuss-, Sesam- oder Kürbiskernöl.

Was fürs Auge

Grüne, gelbe und rote Fruchtdrinks – eventuell mit einem Trinkhalm serviert – sind für sich schon ein Hingucker. Wer sich noch ein wenig mehr Deko wünscht, muss nicht unbedingt auf Papierschirmchen und Glitzer-Palmwedel zurückgreifen:

- **Fruchtig** wird's mit einer Rispe Johannisbeeren, einem Stück Melone, einer Zitronenscheibe, einer Schalenspirale oder kleinen Fruchtspießen.

- **Eiskalte Deko:** Obststückchen, Beeren oder Kräuterblättchen in Eiswürfelbehälter verteilen, mit Wasser auffüllen und einfrieren. Tiefgekühlte Beeren oder selbst eingefrorene Fruchtstückchen kühlen Smoothies ebenso gut wie Eiswürfel aus Fruchtsaft oder -püree. Für eiskalte Durstlöscher ein Glas zu zwei Drittel mit Crushed Ice füllen und den Smoothie darübergießen.

- Servieren Sie Smoothies mit einem **Kokos- oder Nussrand**. Dafür Zitronensaft und Kokosraspel oder gemahlene Nüsse auf zwei kleine Teller geben und den Glasrand zuerst im Saft und dann in der »Panierung« drehen.

- Ein **cremiger Milchschaum** ist Deko und Extra-Smoothie zugleich. Bestreuen Sie den Schaum auch mal mit etwas Kakao, Zimt, Carob oder Lebkuchengewürz.

Hochleistungsmixer bieten Komfort

Nur Geräte mit einer hohen Mixleistung können faserige Blattstrukturen und festes Gemüse für einen Grünen Smoothie ausreichend fein pürieren. Ein Standmixer, ein Spezialaufsatz für die Küchenmaschine oder ein leistungsstarker Pürierstab sind für die Zubereitung von reinen Fruchtdrinks ausreichend.

Ein Mixer aus dem oberen Preissegment bietet allerdings angenehmen Luxus:

- Für ein Vitamin- und Ballaststoffplus mixt man dünne, essbare Fruchtschalen von Äpfeln, Birnen, Pfirsichen, Nektarinen und Kiwis einfach mit.

- Das Abzupfen von Kräuterblättchen können Sie sich sparen. Auch festere Kräuterstängel bekommt der Mixer klein.

- Vanilleschote wird im Ganzen mikrofein zerkleinert, das Auskratzen der Schote ist überflüssig. Eine besonders sparsame Methode: Ein Stück von nur ein bis zwei Zentimeter Länge reicht aus, einen Drink mit dem köstlichen Aroma der teuren Stängel zu verfeinern.

- Nüsse und Samen sorgen ganz fein gemixt nicht nur für ein cremiges Mundgefühl, sondern bereichern Smoothies mit zahlreichen Biostoffen und köstlichen Aromen.

- Das Auspressen von Zitrone, Limette & Co. entfällt. Die Frucht wie einen Apfel schälen und im Mixer zerkleinern. Zusatzplus: Wertvolle Ballaststoffe aus den Trennwänden und der weißen, wattigen Schicht der Zitrusfrüchte gelangen in den Vitaldrink.

WAS SOLL DER TURBOMIXER BIETEN?

- Mindestens 25.000, besser 30.000 Umdrehungen pro Minute.

- Ausreichend großer Mixbehälter (mindestens 1,5 l).

- Gute Handhabung: Lässt sich der Mixbehälter einfach auf den Motorblock setzen?

- »Wandert« das Gerät auch nicht bei hohen Umdrehungen? Kann man die Einzelteile leicht reinigen?

- Praktisch sind verschiedene Leistungsstufen – nicht immer wird die volle Power benötigt.

- Ein Stößel, der durch eine Öffnung im Gehäusedeckel geführt wird, leistet gute Dienste, wenn sich das Püriergut einmal zwischen Messer und Mixbehälter verhakt.

Tipp: Manche Hochleistungsmixer können Sie auch direkt zur Herstellung warmer Smoothies nutzen (siehe Rezepte ab Seite 146) – bei Pürierzeiten ab 2 Minuten wird der Inhalt durch die hohe Drehzahl und die Reibungswärme erhitzt. Allerdings sollten Sie zuvor in der Gebrauchsanweisung Ihres Mixers nachsehen, wie lange er ohne Pause arbeiten darf, denn außer den Zutaten im Mixbehälter erhitzt sich bei dieser Prozedur auch der Motor erheblich.

FRÜHLING

März, April, Mai: Zu Beginn des Frühlings ist das Angebot noch klein, aber Woche für Woche kommen neue Zutaten für köstliche Smoothies auf den Markt. Der März lockt mit Bärlauch und jungen Spinatblättern, im April bieten die Händler die ersten noch sehr zartblättrigen Küchenkräuter an und der Mai bringt die heiß ersehnten heimischen Erdbeeren. Ergänzen Sie die frischen Zutaten aus der Region mit exotischen Früchten, Sprossen und tiefgekühltem Obst für herzhafte oder fruchtige Vitaldrinks.

 Sanfter Mango-Engel

Für 2 Gläser:
1 kleine Mango
½ Zitrone
150 g Naturjoghurt
¼ Vanilleschote
evtl. Agavendicksaft
6 EL Cranberrysaft (oder Kirschsaft, 100 % Frucht)

1. Die Mango schälen und das Fruchtfleisch vom Stein schneiden. Die Zitrone wie einen Apfel schälen.
2. Mango, Zitrone, 100 g Joghurt und Vanilleschote im Mixer fein zerkleinern (bei einem nicht so leistungsstarken Mixer nur das aus der Schote gekratzte Mark in den Mixer geben), mit Wasser oder Eiswürfeln nach Wunsch verdünnen und eventuell mit Agavendicksaft süßen. Den Smoothie auf zwei Gläser verteilen.
3. Den Cranberrysaft mit dem restlichen Joghurt verrühren und auf die Smoothies verteilen. Grob verstrudeln und servieren.

Pro Portion:
3 g E, 2 g F, 20 g KH = 120 kcal

Tipp: Lässt sich auch ganz einfach zu einem Dessert machen: Die Mango-Creme nicht mit Wasser verdünnen, stattdessen mit einer Kugel Eis servieren. Schöne Kontraste ergeben beispielsweise Heidelbeer- oder Schokoladeneis, aber auch Walnuss- und Vanilleeis schmecken gut dazu.

Kiwi-Grapefruit-Smoothie

Für 2 Gläser:
1 Kiwi
½ Avocado
1 Grapefruit
2 Stiele Zitronenmelisse
1 EL Quark
evtl. Honig

1. Die Kiwi halbieren. Kiwi- und Avocadofruchtfleisch mit einem Löffel aus der Schale lösen. Die Grapefruit wie einen Apfel schälen und das Fruchtfleisch grob schneiden. Die Zitronenmelisse waschen und die Blättchen vom Stiel zupfen.
2. Alle vorbereiteten Zutaten mit dem Quark in einen Mixer geben und fein pürieren. Mit Wasser oder Eiswürfeln verdünnen und nach Geschmack mit etwas Honig süßen.

Pro Portion:
5 g E, 7 g F, 16 g KH = 162 kcal

Tipp: Für zwei Gläser reicht eine halbe Avocado. Wenn Sie die zweite Hälfte nicht innerhalb der nächsten Tage verbrauchen, frieren Sie sie einfach ein.

Avocado-Kräuter-Süppchen

Für 2 Gläser:
½ **Avocado**
1 Limette
je 3 Stiele Basilikum und Petersilie
½ **Bund Kerbel**
150 g Naturjoghurt
Salz, Cayennepfeffer, Zucker

1. Das Fruchtfleisch der Avocado mit einem Löffel aus der Schale heben. Die Limette wie einen Apfel schälen. Die Kräuter waschen, Basilikum- und Petersilienblättchen von den Stielen zupfen.
2. Alle vorbereiteten Zutaten mit dem Joghurt im Mixer fein pürieren. Mit Wasser oder Eiswürfeln soweit gewünscht verdünnen und mit Salz, Cayennepfeffer und einer Prise Zucker abschmecken.

Pro Portion:
3 g E, 8 g F, 6 g KH = 115 kcal

Tipp: Als kleine Vorspeise stecken Sie das gewürfelte Fruchtfleisch der zweiten Avocadohälfte zusammen mit Basilikumblättchen und Schinkenstreifen auf kleine Holzspieße und garnieren die Drinks damit. Die Menge reicht für 2 große oder 4 kleine Portionen.

 ## Smoothie grün + grün

Für 2 Gläser:
2 Kiwis
1 Banane
1 Handvoll Spinatblätter
1 Bio-Zitrone
evtl. Ahornsirup

1. Die Kiwis halbieren und das Fruchtfleisch mit einem Löffel aus der Schale lösen. Die Banane schälen und grob zerteilen, den Spinat waschen. Die Zitrone heiß abwaschen, 1 bis 2 TL Schale fein abreiben oder dünn abschälen. Danach die Zitrone wie einen Apfel schälen.
2. Kiwi, Banane, Spinat, Zitronenfruchtfleisch und -schale im Mixer fein pürieren. Mit Wasser oder Eiswürfeln soweit gewünscht verdünnen und eventuell mit etwas Ahornsirup abschmecken.

Pro Portion:
2 g E, 1 g F, 18 g KH = 96 kcal

Tipp: Versuchen Sie es auch mal mit gelben Kiwis, sie enthalten nicht so viel Säure wie die grünen Früchte. Wer einen hochtourigen Mixer hat, kann die Schale der Kiwis auch einfach mitpürieren.

🔴 PB & J-Frühstücksdrink

Für 2 Gläser:
1 Banane
2 EL ungesalzene Erdnusskerne
100 g Joghurt
½ Zitrone
100 g TK-Beerenmischung
evtl. Zucker

1. Die Banane schälen und grob zerteilen.
2. Banane, Erdnüsse und Joghurt im Mixer fein pürieren und mit Wasser oder Eiswürfeln soweit gewünscht verdünnen. Den Mix in zwei Gläser füllen.
3. Die Zitrone wie einen Apfel schälen und mit der tiefgefrorenen Beerenmischung im Mixer pürieren. Mit Wasser oder Eiswürfeln verdünnen und eventuell mit etwas Zucker süßen.
4. Die Beerenmischung vorsichtig in den Bananen-Erdnuss-Mix gießen und leicht verstrudeln.

Pro Portion:
6 g E, 9 g F, 17 g KH = 182 kcal

Tipp: PB & J steht für Amerikas beliebtestes Frühstück: Peanutbutter & Jelly-Sandwich. Wer es vitaminreich und cremig mag, liegt mit der leichten Smoothie-Variante genau richtig.

① Blueberry-Poppy

Für 2 Gläser:
1 Banane
100 g Naturjoghurt
¼ Vanilleschote
150 g TK-Heidelbeeren
1 EL gemahlener Mohn
evtl. Honig

1. Die Banane schälen und grob zerteilt in den Mixer geben.
2. Joghurt, Vanilleschote und tiefgefrorene Heidelbeeren zugeben und alles zusammen fein mixen. Mit Wasser oder Eiswürfeln soweit gewünscht verdünnen und den Mohn nur ganz kurz untermixen, sodass die Körnchen nicht zermahlen werden.
3. Den Drink nach Wunsch mit etwas Honig süßen.

Pro Portion:
4 g E, 3 g F, 17 g KH = 123 kcal

Tipp: Gelingt genauso gut mit einer TK-Beerenmischung.

② Haselnusskakao mit Banane und Ingwer

Für 2 Gläser:
1 Banane
1 Scheibe Ingwer
2 EL Haselnusskerne
200 ml Milch
2–3 TL Kakaopulver
evtl. Agavendicksaft
½ TL Zimt

1. Die Banane schälen und grob zerteilen, den Ingwer schälen.
2. Banane, Ingwer, Haselnüsse und Milch zusammen mit dem Kakaopulver im Mixer fein zerkleinern. Mit Wasser oder Eiswürfeln nach Wunsch verdünnen und eventuell mit Agavendicksaft abschmecken. Mit etwas Zimt bestäubt servieren.

Pro Portion:
7 g E, 13 g F, 16 g KH = 220 kcal

Tipp: Mit Ingwersirup kann man Smoothies gleichzeitig süßen und mit leichter Schärfe würzen. Es gibt ihn im Reformhaus oder im Bioladen fertig zu kaufen. Für Selbermacher: 80 g Ingwer waschen und mit der Schale fein hacken oder im Blitzhacker zerkleinern. Mit 150 ml Wasser und 70 g Zucker aufkochen und 5 Minuten ziehen lassen. Die Masse durch ein Sieb gießen, dabei gut ausdrücken und in eine Flasche mit Schraubdeckel oder Korken abfüllen. Nach dem Abkühlen im Kühlschrank aufbewahren und innerhalb von 10 Tagen verbrauchen.

Pflaumen-Tamarinden-Shake

Für 2 Gläser:
1 gelbe Kiwi
50 g Soft-Pflaumen
150 g Dickmilch
1 TL Zimtpulver
2 TL Tamarindenmark
evtl. Honig

1. Die Kiwi waschen und grob schneiden.
2. Kiwi, Pflaumen, Dickmilch, Zimt und Tamarinde im Mixer fein zerkleinern und mit Wasser oder Eiswürfeln soweit gewünscht verdünnen. Eventuell mit etwas Honig süßen.

Pro Portion:
3 g E, 2 g F, 16 g KH = 100 kcal

Tipp: Im Spätsommer und Herbst schmeckt der Drink natürlich auch mit frischen Pflaumen oder Zwetschgen, verwenden Sie dann etwa 100 bis 150 g Früchte für das Rezept.

 Saure Gurke

Für 2 Gläser:
½ Salatgurke
1 Limette
4 Stiele Basilikum
150 ml Buttermilch
evtl. Ahornsirup

1. Die Gurke schälen und grob schneiden. Die Limette wie einen Apfel schälen und halbieren. Das Basilikum waschen, die Blättchen vom Stiel zupfen.
2. Alle vorbereiteten Zutaten mit der Buttermilch im Mixer sehr fein zerkleinern. Mit Wasser oder Eiswürfeln verdünnen und eventuell mit etwas Ahornsirup süßen.

Pro Portion:
5 g E, 1 g F, 7 g KH = 65 kcal

Tipp: Mit etwas Zitroneneis gemixt wird's besonders cremig.

Smoothies aus dem Vorrat

② Creme-Berry

Eiskalter, süßer Muntermacher – perfekt gegen Frühjahrsmüdigkeit.

① Birnen-Sanddorn-Smoothie

Süße Birnen und fruchtig-saures Sanddornmark sorgen für den Vitaminkick.

④ Rote-Bete-Drink
Aromatisch-würziger Geschmack dank Paranüssen, Ingwer und Sesamöl.

③ Ananas-Himbeer-Smoothie
Mit Erdmandelflocken und Molkepulver wird der Frucht-Drink schön cremig.

Smoothies aus dem Vorrat

Wenn die Jahreszeit gerade nur wenig Frisches bereithält oder man häufig nicht dazu kommt, Kühlschrank und Obstkorb saisongerecht aufzufüllen, lohnt es sich, einen kleinen Vorrat an haltbaren Zutaten anzulegen, damit dem spontanen Smoothie-Genuss nichts im Weg steht:

Trockenfrüchte wie Feigen, Datteln und Rosinen, Fruchtsäfte und Fruchtkonserven ohne Zuckerzusatz bieten eine Alternative zu frischem Obst. Bioläden und Reformhäuser halten eine Auswahl ungesüßter Fruchtpürees bereit, gefrorene Beeren und Obstmischungen ergänzen das Sortiment.

Wer grüne Smoothies liebt, bereitet sie mit tiefgekühltem Spinat zu. Gepresste Spinat-Nuggets oder Blatt für Blatt eingefrorene Ware eignen sich perfekt. Einfach direkt aus dem Gefrierschrank portionsweise in den Mixer geben. Blockweise tiefgekühlte Produkte müssen vor der Verwendung aufgetaut werden.

❶ Birnen-Sanddorn-Smoothie

Für 2 Gläser:
1 Fruchtgläschen Birne (190 g)
150 ml (1 Tasse) kalter Früchte- oder Hagebuttentee
1 EL Samen oder Nüsse (z. B. Sonnenblumenkerne oder Haselnüsse)
4 EL Sanddornmark (Reformhaus oder Drogerie)
evtl. Honig

1. Das Birnenpüree in den Mixer geben, das Gläschen eventuell mit dem Tee ausspülen, so bekommt man auch die Reste gut heraus. Den Tee mit in den Mixer geben.
2. Nüsse oder Samen und Sanddornmark ebenfalls in den Mixer geben und alles fein pürieren, bis der Smoothie schön cremig ist. Eventuell mit Wasser oder Eiswürfeln nach Wunsch verdünnen und mit etwas Honig süßen.

Pro Portion:
2 g E, 4 g F, 21 g KH = 135 kcal

Tipp: Fruchtgläschen für Kinder sind der ideale Vorrat für Smoothies. Sie werden besonders schonend hergestellt, enthalten keinen zugesetzten Zucker und die Gläschengröße ist mit 125–190 g Inhalt besonders praktisch für kleine Haushalte.

② Creme-Berry

Für 2 Gläser:
150 g TK-Beerenmischung
  mit Kirschen
200 ml Multivitaminsaft
  (100 % Frucht)
2 EL Milchpulver
evtl. Vanillezucker

1. Tiefgefrorene Beeren, Multivitaminsaft und Milchpulver im Mixer fein pürieren.
2. Mit Wasser oder Eiswürfeln soweit gewünscht verdünnen und eventuell mit Vanillezucker abschmecken.

Pro Portion:
5 g E, 1 g F, 21 g KH = 115 kcal

Tipp: Schmeckt auch gut als Eis am Stiel – dafür die Beerencreme nicht mit Wasser verdünnen. Die Masse in Kunststoff-Förmchen füllen. Den Deckel mit dem Stiel hineindrücken und einige Stunden einfrieren.

③ Ananas-Himbeer-Smoothie

Für 2 Gläser:
1 kleines Glas Ananasstücke
  im eigenen Saft
  (z. B. Reformhaus, 350 g)
100 g TK-Himbeeren
2 EL Milchpulver
1 EL Erdmandelflocken
  (Bioladen oder Reformhaus)
evtl. Honig

1. Ananas mit Saft in den Mixer geben und fein pürieren.
2. Tiefgefrorene Himbeeren, Milchpulver und Erdmandelflocken mit einem halben Glas Wasser (etwa 100 ml) zugeben und erneut gut durchmixen.
3. Eventuell mit etwas weiterem Wasser oder Eiswürfeln nach Wunsch verdünnen und nach Geschmack mit wenig Honig süßen.

Pro Portion:
6 g E, 2 g F, 33 g KH = 182 kcal

Tipp: Für einen sättigenderen, sämigen Drink noch 2 EL zarte Haferflocken untermixen.

④ Rote-Bete-Drink

Für 2 Gläser:
200 g Rote Bete
  (vakuumverpackt, vorgegart)
250 g Apfelmus (Glas)
200 ml Orangensaft
  (100 % Frucht)
1 EL Paranusskerne
  (oder eine andere Nuss-Sorte)
¼ TL gemahlenes Ingwerpulver
evtl. Zucker
½ TL Sesam- oder Nussöl

1. Rote Bete, Apfelmus, Orangensaft und Paranusskerne im Mixer fein pürieren. Eventuell mit Wasser oder Eiswürfeln nach Wunsch verdünnen.
2. Den Drink mit Ingwerpulver abschmecken und nach Wunsch mit etwas Zucker süßen. Im Glas mit Sesam- oder Nussöl beträufeln.

Pro Portion:
3 g E, 6 g F, 41 g KH = 242 kcal

Tipp: Sie können auch frischen Ingwer verwenden. Das Aroma ist viel intensiver als das der gemahlenen Knolle.

① Sanfter Tropentraum

Für 2 Gläser:
1 Banane
2 Maracujas
1 Pitahaya (Drachenfrucht)
330 ml Kokosnusswasser
   (Drogeriemarkt oder Bioladen)
¼ Vanilleschote
evtl. brauner Zucker

1. Die Banane schälen und grob zerteilen. Maracuja und Pitahaya halbieren und das Fruchtfleisch mit einem Löffel herausheben.
2. Die vorbereiteten Früchte mit dem Kokosnusswasser und der Vanilleschote im Mixer sehr fein pürieren und eventuell mit Wasser oder Eiswürfeln weiter verdünnen. Wer mag, süßt mit etwas braunem Zucker nach.

Pro Portion:
3 g E, 1 g F, 25 g KH = 139 kcal

Tipp: Würz-Profis aromatisieren den Drink zusätzlich mit geriebener Tonkabohne. Sie ergänzt den Smoothie mit einem zarten »Bittermandel-Aroma«.

② Grüner Paradiesfrüchte-Smoothie

Für 2 Gläser:
1 Granatapfel
1 Apfel
60 g Soft-Feigen
100 g TK-Blattspinat
evtl. Agavendicksaft

1. Den Granatapfel halbieren und die Kerne mit einem Holzlöffel aus den Schalen klopfen. Dafür hält man die halbierte Frucht »kopfüber« und schlägt mit dem Holzlöffel von der Seite auf die Schale.
2. Den Apfel waschen, vierteln und das Kerngehäuse herausschneiden.
3. Granatapfelkerne, Apfel, Feigen und TK-Spinat im Mixer fein pürieren, mit Wasser oder Eiswürfeln soweit gewünscht verdünnen. Eventuell mit etwas Agavensirup süßen.

Pro Portion:
3 g E, 1 g F, 35 g KH = 166 kcal

Tipp: Für Smoothies eignet sich am besten tiefgekühlter Blattspinat, der lose in Beuteln eingefroren ist. In Blöcken eingefrorene Ware muss vor dem Verwenden aufgetaut werden.

Guten-Morgen-Birnenmilch

Für 2 Gläser:
1 Nashi-Birne
200 ml Milch
¼ Vanilleschote
1–2 TL löslicher Kaffee
evtl. Birnendicksaft

1. Die Nashi-Birne waschen, vierteln und das Kerngehäuse entfernen.
2. Die Birne mit Milch, Vanilleschote und Kaffee im Mixer sehr fein zerkleinern und schaumig aufmixen.
3. Eventuell mit Wasser oder Eiswürfeln soweit gewünscht verdünnen und mit Birnendicksaft süßen.

Pro Portion:
4 g E, 2 g F, 16 g KH = 96 kcal

Tipp: Nashi-Birnen schmecken wie eine köstliche Kreuzung aus Apfel und Birne. Diese beiden Früchte eignen sich daher auch als Ersatz, wenn es beim Obsthändler keine Nashi-Birnen geben sollte.

 Wachmacher

Für 2 Gläser:
4 Clementinen
1 Banane
1 Handvoll Alfalfasprossen
1 EL Sonnenblumenkerne
150 ml Buttermilch
evtl. Apfeldicksaft (Drogeriemarkt, Reformhaus oder Bioladen)

1. Clementinen schälen und grob zerteilen. Die Banane schälen, die Sprossen waschen.
2. Alle vorbereiteten Zutaten mit Sonnenblumenkernen und Buttermilch im Mixer fein zerkleinern, mit Wasser oder Eiswürfeln nach Geschmack verdünnen und eventuell mit etwas Apfeldicksaft süßen.

Pro Portion:
7 g E, 3 g F, 31 g KH = 187 kcal

Tipp: Für einen herb-frischen Drink die 4 Clementinen durch eine Grapefruit ersetzen.

Green Clementine

Für 2 Gläser:
1 Handvoll Feldsalat
2 Clementinen
2 Maracujas
1 EL Mandeln
je 1 Msp. gemahlener Sternanis und Zimt
evtl. Agavendicksaft

1. Feldsalat waschen und eventuell die Wurzelansätze abschneiden. Clementinen schälen, Maracujas halbieren und das Fruchtfleisch mit einem Löffel herausheben.
2. Die vorbereiteten Zutaten mit den Mandeln im Mixer fein pürieren. Mit Wasser oder Eiswürfeln soweit gewünscht verdünnen und mit Sternanis und Zimt abschmecken. Eventuell mit etwas Agavendicksaft süßen.

Pro Portion:
3 g E, 4 g F, 10 g KH = 98 kcal

Tipp: Kaufen Sie Maracujas sehr rechtzeitig. Meist werden glatte, ansehnliche Früchte verkauft. Bei Raumtemperatur reifen die Früchte in wenigen Tagen nach, die dicke Schale wird dabei leicht schrumpelig. Wer die Maracujas jetzt noch nicht verbrauchen möchte, kann sie noch einige Tage im Kühlschrank aufbewahren.

FRÜHLING 37

Mango-Erdbeer-Buttermilch

Für 2 Gläser:
½ Mango
200 g Erdbeeren
2 Stiele Zitronenmelisse
200 ml Buttermilch
evtl. Zucker

1. Mango schälen, das Fruchtfleisch vom Stein schneiden und grob zerkleinern. Die Erdbeeren waschen und putzen. Die Zitronenmelisse waschen und die Blättchen vom Stiel zupfen.
2. Mango, Erdbeeren und Zitronenmelisse mit der Buttermilch im Mixer fein zerkleinern. Eventuell mit Wasser oder Eiswürfeln verdünnen. Wer mag, süßt mit etwas Zucker.

Pro Portion:
5 g E, 1 g F, 18 g KH = 110 kcal

Tipp: Buttermilch verleiht Fruchtsmoothies eine frische, säuerliche Note. Noch ein wenig spritziger wird es mit dem Saft oder dem Fruchtfleisch einer halben Zitrone oder Limette.

 ## Rote-Bete-Cashew-Drink

Für 2 Gläser:
2 Orangen
4–6 Blätter Bärlauch
200 g Rote Bete (vorgegart, vakuumverpackt)
1 EL Cashewkerne
evtl. Zucker, Salz, Pfeffer

1. Orangen wie einen Apfel schälen und das Fruchtfleisch grob schneiden. Die Bärlauchblätter waschen.
2. Rote Bete, Orangen, Cashewkerne und Bärlauchblätter im Mixer fein zerkleinern. Mit Wasser oder Eiswürfeln nach Wunsch verdünnen und eventuell mit Zucker, Salz und Pfeffer würzen.

Pro Portion:
5 g E, 4 g F, 22 g KH = 150 kcal

Tipp: Außerhalb der kurzen Bärlauch-Saison von Februar bis Mai eignen sich Schnittlauch oder Rauke als Alternative für diesen erfrischenden Drink.

Grüner Grapefruit-Smoothie

Für 2 Gläser:
1 Grapefruit
1 Clementine
1 Handvoll Feldsalat
½ Avocado
1–2 Msp. gemahlener Sternanis
evtl. Agavendicksaft

1. Die Grapefruit und die Clementine wie einen Apfel schälen und ein- bis zweimal durchteilen.
2. Den Feldsalat waschen, das Avocadofruchtfleisch mit einem Löffel aus der Schale heben.
3. Alle vorbereiteten Zutaten im Mixer fein zerkleinern. Mit Wasser oder Eiswürfeln soweit gewünscht verdünnen und mit dem gemahlenen Sternanis abschmecken. Eventuell mit etwas Agavendicksaft süßen.

Pro Portion:
5 g E, 5 g F, 15 g KH = 130 kcal

Tipp: Wer keinen Sternanis hat, würzt mit Muskatnuss.

 ## Dattel-Müsli-Drink

Für 2 Gläser:
1 kleiner Apfel
8 Soft-Datteln (ca. 60 g)
100 ml Apfelsaft (100 % Frucht)
2 EL Erdmandelflocken (Reformhaus oder Bioladen)
2 EL Haferflocken
150 g Dickmilch
1 TL Zimt
evtl. Honig

1. Den Apfel schälen und vierteln. Das Kerngehäuse herausschneiden.
2. Apfel, Datteln, Apfelsaft, Erdmandel- und Haferflocken, Dickmilch und Zimt im Mixer fein pürieren. Mit Wasser oder Eiswürfeln soweit gewünscht verdünnen und mit Zimt abschmecken. Eventuell mit etwas Honig nachsüßen.

Pro Portion:
5 g E, 5 g F, 47 g KH = 262 kcal

Tipp: Erdmandeln, auch Chufa- oder Tigernuss genannt, bereichern Smoothies durch ihren leicht süßen, nussigen Geschmack und bringen zusätzlich Ballaststoffe ins Glas. Dieser Drink bringt es auf stattliche 8 g, das macht lange satt und freut die Darmgesundheit. Gemahlene Erdmandeln sind im Reformhaus oder im Bioladen erhältlich.

FRÜHLING **41**

Apfel-Basilikum-Drink

Für 2 Gläser:
1 Apfel
1 gelbe Kiwi
½ **Avocado**
½ **Zitrone**
3 Stiele Basilikum
evtl. Apfeldicksaft

1. Den Apfel waschen, vierteln und das Kerngehäuse herausschneiden. Kiwi halbieren. Kiwi- und Avocadofruchtfleisch mit einem Löffel aus der Schale heben.
2. Die Zitrone wie einen Apfel schälen, das Basilikum waschen und die Blättchen vom Stiel streifen.
3. Alle vorbereiteten Zutaten im Mixer fein pürieren, mit Wasser oder Eiswürfeln soweit gewünscht verdünnen und eventuell mit Apfeldicksaft nachsüßen.

Pro Portion:
1 g E, 5 g F, 15 g KH = 116 kcal

Tipp: Für extrasüße Drinks können Sie auch einige Rosinen mitpürieren.

❶ Walnuss-Sanddorn-Milch

Für 2 Gläser:
1 kleine Möhre (etwa 60 g)
4 EL Sanddornmark (Reformhaus)
2 EL Walnusskerne
150 ml Milch
1 Msp. Sternanis
evtl. Honig

1. Die Möhre waschen und grob schneiden.
2. Möhre mit Sanddornmark, Walnüssen und Milch im Mixer pürieren. Mit Wasser oder Eiswürfeln verdünnen und mit Sternanis abschmecken. Nach Wunsch mit etwas Honig süßen.

Pro Portion:
5 g E, 13 g F, 13 g KH = 193 kcal

Tipp: Ganz feine Möhrenstückchen bleiben auch bei Verwendung eines Mixers mit hohen Umdrehungen im Drink. Wer das nicht mag, verwendet entweder Möhrensaft oder passiert den Drink nach dem Mixen durch ein Passiertuch oder ein ganz feines Sieb.

❷ Sanddorn-Himbeer-Drink

Für 2 Gläser:
1 Kiwi
3 Stiele Basilikum
150 g TK-Himbeeren
4 EL Sanddornmark (Reformhaus)
200 ml kalter Pfefferminztee
evtl. Zucker

1. Die Kiwi halbieren und das Fruchtfleisch mit einem Teelöffel aus der Schale heben. Das Basilikum waschen und die Blättchen vom Stiel zupfen.
2. Kiwi, tiefgefrorene Himbeeren, Sanddornmark und Basilikum im Mixer fein pürieren. Mit Pfefferminztee und eventuell zusätzlich mit Wasser oder Eiswürfeln nach Wunsch verdünnen. Nach Geschmack mit Zucker süßen. Den Drink in zwei Gläser füllen.

Pro Portion:
2 g E, 2 g F, 13 g KH = 88 kcal

Tipp: Schmeckt auch mit kaltem Früchtetee statt mit Pfefferminztee.

 Karob-Mandel-Drink

Für 2 Gläser:
1 Banane
1 Apfel
200 ml Milch
1 EL Mandeln
2–3 EL Karobpulver (Reformhaus oder Bioladen)
evtl. Ahornsirup
geriebene Muskatnuss

1. Banane schälen und grob zerteilen. Apfel waschen, vierteln und das Kerngehäuse herausschneiden.
2. Früchte mit Milch, Mandeln und Karobpulver im Mixer pürieren und mit Wasser oder Eiswürfeln nach Geschmack verdünnen.
3. Eventuell mit Ahornsirup süßen und im Glas mit etwas Muskat bestäuben.

Pro Portion:
6 g E, 5 g F, 32 g KH = 210 kcal

Tipp: Karobpulver ist das getrocknete und gemahlene Fruchtfleisch des Johannisbrotbaums. Das rotbraune Pulver erinnert im Geschmack an Karamell und ganz leicht auch an Kakao.

Roter Apfel-Möhren-Drink

Für 2 Gläser:
2 Möhren
1 Apfel
2 EL Naturjoghurt
200 ml Granatapfelsaft (Kühlregal, 100 % Frucht)
evtl. Agavendicksaft

1. Möhren waschen, die Enden abschneiden und grob zerteilen. Den Apfel waschen, vierteln und das Kerngehäuse herausschneiden.
2. Apfel, Möhren, Joghurt und Granatapfelsaft im Mixer fein pürieren. Mit Wasser oder Eiswürfeln soweit gewünscht verdünnen und nach Geschmack mit Agavendicksaft süßen.

Pro Portion:
2 g E, 2 g F, 35 g KH = 175 kcal

Tipp: Für einen pikanten Drink mit etwas Meerrettich aus der Tube abschmecken.

① Erdbeer-Minz-Erfrischer

Für 2 Gläser:
200 g Erdbeeren
1 Apfel
½ Zitrone
1 Handvoll frische Minze
2 EL Erdmandelflocken
evtl. Honig

1. Die Erdbeeren waschen und putzen. Den Apfel waschen, vierteln und das Kerngehäuse herausschneiden. Die Zitrone wie einen Apfel schälen.
2. Minze waschen und die Blättchen vom Stiel zupfen.
3. Die vorbereiteten Zutaten mit den Erdmandelflocken in den Mixer geben und fein pürieren. Mit Wasser oder Eiswürfeln soweit gewünscht verdünnen und eventuell mit Honig süßen.

Pro Portion:
3 g E, 4 g F, 24 g KH = 154 kcal

Tipp: Ein Esslöffel Erdmandelflocken enthält knapp 5 g Ballaststoffe. Zusammen mit Apfel und Erdbeeren bringt es dieser Drink auf 9 g der darmgesunden Pflanzenfasern. So decken Sie den von Ernährungsexperten empfohlenen Tagesbedarf schon zu knapp einem Drittel. Zusatznutzen: Der Drink macht trotz geringer Kalorienmenge schön satt.

Bananen-Sanddorn-Kefir

Für 2 Gläser:
1 Banane
4 EL Sanddornmark (Reformhaus oder Drogerie)
250 ml Kefir
¼ Vanilleschote
evtl. Honig

1. Die Banane schälen und mit dem Sanddornmark, dem Kefir und der Vanilleschote im Mixer fein pürieren.
2. Eventuell mit Wasser oder Eiswürfeln nach Wunsch verdünnen und mit Honig süßen.

Pro Portion:
5 g E, 6 g F, 21 g KH = 167 kcal

Tipp: Statt mit Wasser können Sie den Drink auch mit Möhren- oder Apfelsaft verdünnen.

② Beeren-Minz-Mix

Für 2 Gläser:
½ Zitrone
3 Stiele Minze
1 cm Ingwerknolle
200 ml kalter grüner Tee
250 g TK-Beerenmischung
evtl. Agavendicksaft

1. Die Zitrone wie einen Apfel schälen, dabei kann von der weißen, wattigen Schicht noch etwas am Fruchtfleisch verbleiben. Die Minze waschen und die Blättchen von den Stielen zupfen. Den Ingwer schälen.
2. Den Tee mit Zitrone, Minze, Ingwer und tiefgekühlte Beerenmischung im Mixer sehr fein pürieren und eventuell mit weiterem Wasser oder Eiswürfeln nach Wunsch verdünnen. Eventuell mit etwas Agavendicksaft süßen.

Pro Portion:
1 g E, 1 g F, 8 g KH = 53 kcal

Tipp: Im Sommer schmeckt der Drink mit einer Mischung aus Johannisbeeren und Himbeeren.

① Frühlingsbote

Für 2 Gläser:
1 Apfel
1 Handvoll frischer Spinat
150 g Erdbeeren
½ Zitrone
evtl. Zucker

1. Den Apfel waschen, vierteln und das Kerngehäuse entfernen. Spinat und Erdbeeren waschen. Die Kelchblätter von den Erdbeeren entfernen. Die Zitrone wie einen Apfel schälen.
2. Alle vorbereiteten Zutaten im Mixer fein pürieren. Mit Wasser oder Eiswürfeln soweit gewünscht verdünnen und eventuell mit etwas Zucker abschmecken.

Pro Portion:
2 g E, 0 g F, 18 g KH = 89 kcal

Tipp: Im sehr frühen Frühling muss man Erdbeeren und Spinat aus der Tiefkühltruhe verwenden.

① Kaki-Goji-Smoothie

Für 2 Gläser:
2 Kakis
1 Handvoll milde Sprossen (z. B. Alfalfasprossen)
50 g getrocknete Goji-Beeren (Reformhaus oder Bioladen)
evtl. Apfel- oder Birnendicksaft
je 1 Msp. Muskatblüte (Macis) und Nelke

1. Die Kakis waschen, halbieren und den Stielansatz abschneiden. Die Sprossen waschen.
2. Kaki, Sprossen und Goji-Beeren im Mixer sehr fein pürieren. Mit Wasser oder Eiswürfeln soweit gewünscht verdünnen und eventuell mit etwas Dicksaft süßen. Mit den Gewürzen abschmecken.

Pro Portion:
1 g E, 1 g F, 19 g KH = 95 kcal

Tipp: Goji-Beeren kommen ursprünglich aus Tibet und werden häufig als »Wundermittel« gepriesen. Der Nachweis für dieses Prädikat steht noch aus, aber die getrockneten roten Beeren sind fruchtig-lecker und können wie Rosinen oder getrocknete Cranberrys verwendet werden.

② Drachen-Erfrischer

Für 2 Gläser:
1 kleine Pitahaya
1 Zitrone
100 g TK-Heidelbeeren
200 ml kalter Früchtetee
je 1–2 Msp. Kardamom und Sternanis
evtl. Honig

1. Die Pitahaya halbieren und das Fruchtfleisch mit einem Löffel herausheben. Die Zitrone wie einen Apfel schälen und das Fruchtfleisch grob schneiden.
2. Pitahaya, Zitrone und tiefgefrorene Heidelbeeren mit dem Früchtetee im Mixer sehr fein pürieren, eventuell mit Wasser oder Eiswürfeln soweit gewünscht verdünnen und mit Kardamom und Sternanis abschmecken. Wer mag, süßt mit etwas Honig nach.

Pro Portion:
1 g E, 1 g F, 11 g KH = 69 kcal

Tipp: Pitahaya werden auch Drachenfrucht genannt. Die subtropische Frucht schmeckt feinsäuerlich und ist bei uns das ganze Jahr über erhältlich. Wer keine Pitahayas bekommt, verwendet stattdessen einfach Litschis oder gelbe Kiwis.

FRÜHLING 53

SOMMER

Juni, Juli, August: Die Auslagen der Wochenmärkte bieten in den Sommermonaten ein reichhaltiges Angebot an Beeren, Aprikosen, Pfirsichen und Kirschen. Kaufen Sie dazu frische Blattsalate und kräftige Küchenkräuter und mixen Sie leichte Mahlzeiten, flüssige Rohkost und frische Durstlöscher für heiße Tage. Raffinierte Drinks mit neuen Geschmacksnuancen gelingen auch mit Wildkräutern wie Gänseblümchen oder Löwenzahn.

① Hugo-Smoothie

Für 2 Gläser:
1 Limette
½ Avocado
1 sehr dünne Scheibe Ingwer
2 Handvoll Holunderblüten
4 Stiele Minze
evtl. Zucker

1. Die Limette wie einen Apfel schälen, das Fruchtfleisch der Avocado mit einem Löffel aus der Schale heben. Ingwer schälen.
2. Die Holunderblüten vorsichtig in stehendem Wasser waschen, die Blüten und feinen Stiele mit einer Schere abschneiden. Minze waschen und die Blättchen vom Stiel zupfen.
3. Alle vorbereiteten Zutaten im Mixer fein pürieren und mit Wasser oder Eiswürfeln soweit gewünscht verdünnen. Eventuell mit etwas Zucker süßen.

Pro Portion:
1 g E, 7 g F, 3 g KH = 78 kcal

Tipp: Nutzen Sie die kurze Zeit der Holunderblüte, sie dauert je nach Klima von etwa Ende Mai bis Mitte Juli. Das zartsüße Aroma lässt sich durch nichts ersetzen.

② Kirsch-Minz-Slush

Für 2 Gläser:
300 g Kirschen
6 Zweige Minze
½ Zitrone
evtl. brauner Zucker

1. Die Kirschen waschen und entsteinen. Die Minze waschen und die Blättchen von den Zweigen zupfen. Die Zitrone wie einen Apfel schälen.
2. Kirschen mit Minze und Zitrone im Mixer fein pürieren, dann nach und nach Eiswürfel zugeben, bis ein dickflüssiger, eiskalter Drink entstanden ist. Eventuell mit braunem Zucker süßen.

Pro Portion:
1 g E, 1 g F, 14 g KH = 75 kcal

Tipp: Für eine scharf-aromatische Variante geben Sie etwas Ingwer zu.

Tiefroter Sommersmoothie

Für 2 Gläser:
150 g Pflaumen
150 g Kirschen
50 g schwarze Johannisbeeren
6–8 Blätter Lollo rosso
evtl. Honig

1. Pflaumen und Kirschen waschen und die Steine entfernen. Schwarze Johannisbeeren und Salat ebenfalls waschen.
2. Alle vorbereiteten Zutaten im Mixer sehr fein zerkleinern und mit Wasser oder Eiswürfeln bis zur gewünschten Konsistenz verdünnen. Eventuell mit etwas Honig süßen.

Pro Portion:
2 g E, 1 g F, 16 g KH = 85 kcal

Tipp: Statt Lollo rosso können Sie auch jede andere Sorte Blattsalat verwenden – die Farbe der Früchte reicht aus, den Drink einzufärben.

 ## Aprikosen-Himbeer-Shake

Für 2 Gläser:
150 g Aprikosen
125 g Himbeeren
150 g Naturjoghurt
1–2 Msp. geriebene Tonkabohne
evtl. Vanillezucker

1. Die Aprikosen waschen, halbieren und den Kern entfernen. Die Himbeeren nur wenn nötig waschen und verlesen.
2. Die Früchte mit Naturjoghurt im Mixer fein pürieren, mit Wasser oder Eiswürfeln soweit gewünscht verdünnen. Mit geriebener Tonkabohne und eventuell etwas Vanillezucker abschmecken.

Pro Portion:
4 g E, 2 g F, 12 g KH = 86 kcal

Tipp: Im Winter gelingt der Drink mit 60 g Soft-Aprikosen und gefrorenen Himbeeren. Schmecken Sie ihn in der kalten Jahreszeit doch mal mit Spekulatius- oder Lebkuchengewürz ab.

SOMMER 59

 **Summerberry**

Für 2 Gläser:
125 g rote Johannisbeeren
125 g Himbeeren
125 g Erdbeeren
½ Vanilleschote
100 g Naturjoghurt
etwa 200 ml kalter grüner Tee
evtl. Zucker

1. Die Früchte waschen, zwei kleine Rispen Johannisbeeren beiseitelegen. Mark aus der Vanilleschote kratzen.
2. Die anderen Früchte mit Joghurt und dem ausgekratzten Vanillemark im Mixer fein zerkleinern. Mit dem Tee und Eiswürfeln nach Geschmack verdünnen und eventuell etwas süßen.
3. Den Drink in zwei Gläser füllen und mit den Johannisbeerrispen verzieren.

Pro Portion:
4 g E, 1 g F, 11 g KH = 60 kcal

Tipp: Der grüne Tee bringt eine leicht herbe Note in den Drink. Lieblicher wird's mit Früchte- oder Hagebuttentee.

Smoothies für Wildkräutersammler

❷ Gänseblümchen-Stachelbeere

Frisch gezupfte Knospen und Blüten gehen mit den Beeren eine mild-säuerliche Allianz ein.

❶ Giersch-Melone

Zarte Gierschtriebe und -blüten erinnern im Geschmack an Petersilie und Möhren.

③ **Wilde Nektarine**

Brennnesselblätter schmecken ganz mild, wenn sie fein püriert daherkommen.

④ **Süßes Löwenherz**

Leicht bitterer Löwenzahn und milde Mirabelle – ein Traumpaar.

Smoothies für Wildkräutersammler

Wildkräuter wie Schafgarbe, Sauerampfer und Wegerich werden von Liebhabern Grüner Smoothies ebenso gern verarbeitet wie Blätter von Obstbäumen, Linde und Birke. Bekannte und von vielen längst vergessene Pflänzchen bereichern Smoothies durch geschmacklich interessante, oft etwas herbe Akzente und ein breites Spektrum an bioaktiven Substanzen.

Wer unsere Wildkräuter-Smoothies ausprobieren möchte und keinen naturnahen Garten besitzt, muss in Wald und Wiese auf die Suche gehen. Dabei hat Sicherheit oberste Priorität, damit man nicht zu giftigen oder unbekömmlichen Pflanzen greift.

Nichts geht über praktische Erfahrung: Interessierte lernen am besten bei einem geführten Spaziergang, Wildkräuter zu bestimmen. Gleichzeitig entdeckt man bei den Ausflügen geeignete Fundstellen in der Umgebung und erhält häufig noch ein paar Tipps für die Verwendung der zarten Triebe. Umweltverbände, Volkshochschulen und botanische Gärten bieten Exkursionen in der Region an.

 Giersch-Melone

Für 2 Gläser:
1 kleine Cantaloupe-Melone
½ Zitrone
2 Handvoll Giersch
evtl. Zucker

1. Melone in Spalten schneiden, Kerne und Schale entfernen und das Fruchtfleisch grob würfeln.
2. Die Zitrone abwaschen, trocken reiben und 2 TL Schale abreiben. Die Zitrone wie einen Apfel schälen.
3. Den Giersch waschen und tropfnass mit Melonenfruchtfleisch, Zitronensaft und -schale im Mixer fein pürieren. Nach Wunsch mit Wasser oder Eiswürfeln verdünnen und eventuell mit Zucker süßen.

Pro Portion:
3 g E, 0 g F, 32 g KH = 148 kcal

Tipp: Der Drink gelingt auch mit Kohlrabiblättern oder Möhrengrün.

② Gänseblümchen-Stachelbeere

Für 2 Gläser:
2 Handvoll Gänseblümchen
200 g Stachelbeeren
2 EL Cashewkerne (ungesalzen)
2 EL Apfelessig
 (oder Zitronensaft)
evtl. Honig

1. Gänseblümchen in stehendem Wasser waschen und tropfnass in den Mixer geben. Stachelbeeren ebenfalls waschen und in den Mixer füllen.
2. Cashewkerne und Apfelessig zugeben und alles fein pürieren. Mit Wasser oder Eiswürfeln soweit gewünscht verdünnen und eventuell mit Honig süßen.

Pro Portion:
4 g E, 7 g F, 11 g KH = 131 kcal

Tipp: Statt Gänseblümchen können Sie auch helle Kopfsalatblätter, wie beispielsweise Lollo bianco, verwenden.

③ Wilde Nektarine

Für 2 Gläser:
1 Nektarine
150 g Erdbeeren
2 Handvoll junge Brennnesselblätter
2 Stiele Basilikum
100 ml Kokosnusswasser
evtl. Agavendicksaft

1. Nektarine waschen, vierteln und den Stein entfernen, die Erdbeeren waschen und das Grün entfernen.
2. Brennnesselblätter und Basilikum waschen, dabei am besten Einweghandschuhe tragen. Die Basilikumblättchen vom Stiel zupfen.
3. Früchte und Kräuter mit Kokosnusswasser im Mixer fein pürieren. Mit Wasser oder Eiswürfeln soweit gewünscht verdünnen und nach Wunsch mit Agavendicksaft süßen.

Pro Portion:
2 g E, 0 g F, 14 g KH = 73 kcal

Tipp: Wenn Sie keine Brennnesseln benutzen möchten, verwenden Sie frischen Spinat oder Blattsalat.

④ Süßes Löwenherz

Für 2 Gläser:
250 g Mirabellen
1 Handvoll Löwenzahn
1 EL Sonnenblumenkerne
evtl. Apfel- oder Birnendicksaft
½ TL Zimt

1. Die Mirabellen waschen und die Steine herauslösen. Den Löwenzahn waschen und grob schneiden.
2. Mirabellen und Löwenzahn mit den Sonnenblumenkernen im Mixer fein pürieren. Mit Wasser oder Eiswürfeln soweit gewünscht verdünnen. Eventuell mit Dicksaft süßen und mit Zimt abschmecken.

Pro Portion:
3 g E, 2 g F, 19 g KH = 115 kcal

Tipp: Wer keinen Löwenzahn sammeln oder kaufen kann, verwendet Rucola.

Erdbeer-Nektarinen-Colada

Für 2 Gläser:
150 g Erdbeeren
1 kleine Nektarine
2 Zweige Minze
1 Limette
100 ml Kokosmilch
evtl. brauner Zucker

1. Erdbeeren waschen und putzen, Nektarine waschen und in Spalten vom Stein schneiden. Die Minze waschen, trocken schütteln und die Blättchen vom Stiel zupfen. Die Limette wie einen Apfel schälen und das Fruchtfleisch grob schneiden.
2. Erdbeeren, Nektarine, Minze, Limette und Kokosmilch im Mixer fein pürieren. Mit Wasser oder Eiswürfeln soweit gewünscht verdünnen und eventuell mit etwas braunem Zucker süßen.

Pro Portion:
2 g E, 9 g F, 12 g KH = 146 kcal

Tipp: Für einen sommerlichen Aperitif verteilen Sie den Frucht-Mix unverdünnt in 6 bis 8 Gläser und gießen mit Prosecco oder Mineralwasser auf.

 Erdbeer-Holunder-Smoothie

Für 2 Gläser:
200 g Erdbeeren
2 Handvoll Holunderblüten
1 Zitrone
2 EL Mandeln
evtl. Zucker

1. Die Erdbeeren waschen und putzen. Die Holunderblüten vorsichtig in stehendem Wasser waschen, die Blüten und feinen Stiele mit einer Schere abschneiden. Die Zitrone wie einen Apfel schälen.
2. Alle vorbereiteten Zutaten mit den Mandeln im Mixer fein pürieren. Mit Wasser oder Eiswürfeln verdünnen und nach Wunsch mit etwas Zucker süßen.

Pro Portion:
4 g E, 8 g F, 7 g KH = 128 kcal

Tipp: Ganz köstlich ist der Mix, wenn Sie ihn in schmale, hohe Gläser oder Martinischalen vorsichtig auf zwei Fingerbreit Eierlikör schichten. Das Einfüllen gelingt am besten, wenn Sie die Flüssigkeit über einen Löffelrücken gießen. Die Menge reicht für 4 bis 6 Gläser.

Himbeer-Kirsch-Kefir

Für 2 Gläser:
150 g Kirschen
150 g Himbeeren
½ Bio-Limette
200 ml Kefir
je 2 Msp. gemahlener Fenchel und Anis
evtl. Ahornsirup

1. Die Kirschen waschen und entsteinen. Die Himbeeren nur wenn nötig waschen und verlesen. Die Limette waschen, trocken tupfen und die Schale abreiben.

2. Kirschen, Himbeeren, Limettenschale und Kefir im Mixer fein pürieren. Mit Wasser oder Eiswürfeln nach Geschmack verdünnen und mit Fenchel und Anis abschmecken. Eventuell mit etwas Ahornsirup nachsüßen.

Pro Portion:
5 g E, 4 g F, 12 g KH = 115 kcal

Tipp: Dieser Drink enthält genügend Säure, daher wird das Limettenfruchtfleisch nicht mitverwendet. Abgeriebene Limetten bleiben in Folie gewickelt im Kühlschrank etwa 2 Tage frisch. Das Gleiche gilt natürlich auch für Zitronen und Orangen.

Pfirsich-Drink mit Radieschenblättern

Für 2 Gläser:
2 Pfirsiche
½ Avocado
1 Handvoll Radieschenblätter
½ Zitrone
¼ – ½ TL gemahlener Macis (Muskatblüte)
evtl. Agavendicksaft

1. Die Pfirsiche waschen, halbieren und die Steine entfernen. Das Fruchtfleisch der Avocado mit einem Löffel aus der Schale heben. Die Radieschenblätter waschen und grob schneiden. Die Zitrone wie einen Apfel schälen.
2. Alle vorbereiteten Zutaten im Mixer fein pürieren. Mit Wasser oder Eiswürfeln nach Wunsch verdünnen und mit Macis würzen. Nach Geschmack mit etwas Agavendicksaft süßen.

Pro Portion:
2 g E, 5 g F, 12 g KH = 105 kcal

Tipp: Radieschenblätter bleiben besonders lange im Kühlschrank frisch, wenn man sie gleich nach dem Einkauf von den Radieschen abschneidet und in einem gut verschlossenen Gefrierbeutel aufbewahrt.

Kokos-Melonen-Smoothie

Für 2 Gläser:
6 Blätter Kopfsalat
1 Handvoll Radieschenblätter
¼ Honigmelone
100 ml Kokosmilch
3–4 TL Tamarindenmark
evtl. brauner Zucker

1. Kopfsalat und Radieschenblätter waschen und verlesen. Kerne und Schale der Honigmelone entfernen und das Fruchtfleisch grob würfeln.
2. Die vorbereiteten Zutaten mit Kokosmilch und Tamarindenmark im Mixer fein pürieren, mit Wasser oder Eiswürfeln nach Wunsch verdünnen. Eventuell mit braunem Zucker etwas süßen.

Pro Portion:
2 g E, 8 g F, 15 g KH = 148 kcal

Tipp: Kokosmilch trennt sich in der Konserve oft in einen flüssigen und einen festen Teil. Um wieder eine gleichmäßige Konsistenz zu bekommen, stellen Sie die geschlossene Dose für ein paar Minuten in heißes Wasser und schütteln Sie sie vor dem Öffnen gut durch.

 ## Blaubeer-Tofu-Lassi

Für 2 Gläser:
150 g Blaubeeren
½ Zitrone
150 g Seidentofu (Reformhaus, Bio- oder Asialaden)
je ½ TL gemahlener Kardamom und Zimt
evtl. brauner Zucker

1. Die Blaubeeren waschen. Die Zitrone wie einen Apfel schälen, dabei einen Teil der weißen Haut am Fruchtfleisch belassen.
2. Blaubeeren, Zitrone und Seidentofu mit etwas Wasser im Mixer sehr fein pürieren. Mit weiterem Wasser oder Eiswürfeln soweit gewünscht verdünnen und mit Kardamom und Zimt würzen. Eventuell mit etwas braunem Zucker süßen.

Pro Portion:
5 g E, 3 g F, 5 g KH = 70 kcal

Tipp: Wer keinen Seidentofu verwenden möchte, nimmt 2 gut gehäufte Esslöffel Quark und verdünnt den Drink mit einer größeren Menge Wasser oder Eiswürfeln.

① Pfirsich-Stachelbeer-Snack

Für 2 Gläser:
1 Pfirsich
150 g Stachelbeeren
100 ml Buttermilch
1 EL Haferflocken
1 EL Cashewkerne
evtl. Agavendicksaft

1. Den Pfirsich waschen und in dicken Spalten vom Stein schneiden. Die Stachelbeeren waschen.
2. Früchte, Buttermilch, Haferflocken und Cashewkerne im Mixer sehr fein pürieren. Mit Wasser oder Eiswürfeln nach Wunsch verdünnen und eventuell mit Agavendicksaft süßen.

Pro Portion:
5 g E, 4 g F, 16 g KH = 128 kcal

Tipp: Sie können auch jede andere Sorte Nüsse oder Samen verwenden. Cashewkerne, Sonnenblumenkerne oder Mandeln sind mild im Geschmack, Haselnüsse, Walnüsse oder Kürbiskerne bringen eine eigene Geschmacksnuance mit.

② Kirschkuchendrink mit Mohn

Für 2 Gläser:
300 g Sauerkirschen
½ Zitrone
3 EL Quark
¼ Vanilleschote
evtl. Zucker
1 EL gemahlener Mohn

1. Die Sauerkirschen waschen und entsteinen. Die Zitrone wie einen Apfel schälen.
2. Kirschen, Zitrone, Quark und Vanilleschote im Mixer sehr fein zerkleinern. Mit Wasser oder Eiswürfeln soweit gewünscht verdünnen und eventuell mit Zucker abschmecken. Den Mohn zugeben und nur kurz untermixen.

Pro Portion:
7 g E, 2 g F, 17 g KH = 127 kcal

Tipp: Aprikosen- oder Pflaumen-»Kuchen« sind köstliche Alternativen.

Spinat-Melonen-Erfrischer

Für 2 Gläser:
½ kleine Galiamelone
   (oder eine andere Zuckermelone)
100 g gelbe Kirschtomaten
2 Handvoll Spinatblätter
evtl. Zucker
½ TL Kürbiskernöl

1. Die Kerne mit einem Löffel aus der Melone heben, die Frucht in Spalten schneiden und das Fruchtfleisch von der Schale lösen.
2. Tomaten und Spinat waschen.
3. Melone, Tomaten und Spinat im Mixer fein zerkleinern und mit Wasser oder Eiswürfeln soweit gewünscht verdünnen. Eventuell mit etwas Zucker süßen und im Glas mit etwas Kürbiskernöl beträufeln.

Pro Portion:
2 g E, 1 g F, 19 g KH = 97 kcal

Tipp: Der Drink gerät auch mit roten Tomaten köstlich – keine Frage! Allerdings machen die gelben Tomaten ihn auch farblich zu einem echten Hingucker.

 ## Gurken-Tomaten-Lassi

Für 2 Gläser:
½ Salatgurke
200 g Tomaten
1 Bund Dill
150 g Naturjoghurt
evtl. Zucker, Salz, Pfeffer

1. Die Gurke wenn nötig schälen und grob schneiden. Tomaten waschen und den Stielansatz herausschneiden. Den Dill waschen und die feinen Ästchen vom Stiel zupfen.
2. Alle vorbereiteten Zutaten mit dem Joghurt im Mixer fein pürieren und mit Wasser oder Eiswürfeln nach Wunsch verdünnen. Eventuell mit einer Prise Zucker, Salz und Pfeffer würzen.

Pro Portion:
4 g E, 1 g F, 7 g KH = 67 kcal

Tipp: Noch ein wenig spritziger gelingt der Drink, wenn Sie ihn mit Kefir statt Joghurt zubereiten.

 Agua fresca mit Pfirsich

Für 2 Gläser:
1 Pfirsich
½ kleine Cantaloupe-Melone
(oder eine andere Zuckermelone)
1 EL Tamarindenmark
1–2 Msp. 5-Gewürze-Pulver oder
gemahlener Sternanis
evtl. brauner Zucker

1. Den Pfirsich waschen und in Spalten vom Stein schneiden. Das Fruchtfleisch der Melone von Kernen und Schale befreien und grob schneiden.
2. Pfirsich, Melone und Tamarinde im Mixer sehr fein pürieren, mit Eiswürfeln soweit gewünscht verdünnen und mit gemahlenem Sternanis abschmecken. Eventuell mit braunem Zucker süßen.

Pro Portion:
1 g E, 0 g F, 17 g KH = 76 kcal

Tipp: Das angenehm säuerliche Tamarindenmark bekommt man im Asialaden oder im gut sortierten Supermarkt. Die Paste bleibt in der angebrochenen Dose im Kühlschrank viele Monate frisch.

❶ Aprikosen-Nuss-Smoothie

Für 2 Gläser:
200 g Aprikosen
2–3 Blätter Chinakohl
½ Bio-Zitrone
1 EL Haselnüsse
2 Msp. Anis
evtl. Honig

1. Die Aprikosen waschen, halbieren und den Stein entfernen. Den Chinakohl waschen und grob schneiden.
2. Die Zitrone waschen und trocken tupfen. Die Schale fein abreiben, die Zitrone dann wie einen Apfel schälen.
3. Alle vorbereiteten Zutaten mit den Haselnüssen im Mixer sehr fein pürieren. Mit Wasser oder Eiswürfeln soweit gewünscht verdünnen und mit dem Anis abschmecken. Eventuell mit etwas Honig süßen.

Pro Portion:
2 g E, 5 g F, 9 g KH = 100 kcal

Tipp: Der Drink schmeckt auch mit Cashew- oder Erdnüssen.

❷ Würziger Pfirsich-Melba-Smoothie

Für 2 Gläser:
1 Pfirsich
125 g Himbeeren
2 EL körniger Frischkäse
¼ Vanilleschote
evtl. Zucker
1 TL Walnussöl
2 Msp. gemahlener schwarzer Pfeffer

1. Den Pfirsich waschen, halbieren und den Stein entfernen. Die Himbeeren nur wenn nötig waschen und verlesen.
2. Früchte mit dem Frischkäse und Vanilleschote im Mixer fein pürieren und mit Wasser oder Eiswürfeln soweit gewünscht verdünnen. Eventuell mit Zucker süßen und den Smoothie in zwei Gläser füllen.
3. Mit Walnussöl beträufeln und mit Pfeffer bestreuen.

Pro Portion:
5 g E, 2 g F, 9 g KH = 82 kcal

Tipp: Wer es lieber »klassisch« mag, lässt Öl und Pfeffer weg.

① Cassis-Rosmarin-Smoothie

Für 2 Gläser:
100 g schwarze Johannisbeeren
150 g helle, kernlose Trauben
1 kleiner Zweig Rosmarin
200 ml kalter grüner Tee
evtl. Honig

1. Die Johannisbeeren und die Trauben waschen und von den Zweigen zupfen. Den Rosmarin waschen und die Nadeln vom Zweig zupfen.
2. Johannisbeeren, Trauben, Rosmarin und grünen Tee im Mixer fein pürieren, eventuell etwas Wasser oder einige Eiswürfel zugeben und nach Wunsch mit Honig süßen.

Pro Portion:
1 g E, 0 g F, 14 g KH = 70 kcal

Tipp: Schmeckt auch mit dunklen Trauben. Kernlose Sorten gibt es jedoch selten zu kaufen und das Entkernen von Hand ist mühsam. Schnelle Alternative: Roter Traubensaft.

② Stachelbeerdrink mit Möhrengrün

Für 2 Gläser:
250 g Stachelbeeren
1 kleine Banane
Möhrengrün von 1–2 Möhren
1 Zweig Thymian
evtl. Ahornsirup

1. Die Stachelbeeren waschen, die Banane schälen und grob zerteilen. Möhrengrün und Thymian waschen, die feinen Blättchen von Möhrengrün und Thymian abzupfen.
2. Alle vorbereiteten Zutaten im Mixer fein pürieren, mit Wasser oder Eiswürfeln nach Wunsch verdünnen. Wer mag, süßt mit etwas Ahornsirup.

Pro Portion:
2 g E, 0 g F, 17 g KH = 85 kcal

Tipp: Mit grünen Stachelbeeren gerät der Drink etwas herber als mit roten oder weißen Stachelbeeren.

Peacherry-Smoothie

Für 2 Gläser:
1 Pfirsich
150 g Süßkirschen
2 Zweige Zitronenmelisse
100 ml Haselnussdrink (oder Mandeldrink)
evtl. Zucker

1. Den Pfirsich waschen, halbieren und den Stein entfernen. Die Kirschen waschen, Stiele und Steine entfernen. Die Zitronenmelisse waschen und die Blättchen vom Stiel zupfen.
2. Alle vorbereiteten Zutaten mit dem Nussdrink im Mixer fein pürieren. Mit Wasser oder Eiswürfeln verdünnen und eventuell mit etwas Zucker süßen.

Pro Portion:
1 g E, 1 g F, 16 g KH = 82 kcal

Tipp: Haselnuss- oder Mandeldrink sorgt für einen milchig-cremigen Smoothie ohne Milchprodukte. Wer seinen Zuckerkonsum im Auge behält, wählt ungesüßte Produkte.

 ## Erdbeer-Joghurt-Drink mit Schokostreuseln

Für 2 Gläser:
150 g Erdbeeren
100 g Naturjoghurt
100 ml Milch
evtl. Zucker
4 TL Zartbitterschokoraspel

1. Die Erdbeeren waschen und die Kelchblätter entfernen.
2. Erdbeeren, Joghurt und Milch im Mixer fein pürieren. Mit Wasser oder Eiswürfeln verdünnen und eventuell mit Zucker süßen.
3. Die Hälfte der Schokoraspeln zugeben und nur bei kleiner Geschwindigkeit unterrühren, die Drinks in Gläser füllen und mit den restlichen Schokostreuseln dekorieren.

Pro Portion:
4 g E, 4 g F, 11 g KH = 100 kcal

Tipp: Schmeckt mindestens so gut wie Joghurt-Schokolade. Auch köstlich mit Aprikosen oder Kirschen.

86 SMOOTHIES FÜR ALLE JAHRESZEITEN

① Kirsch-Kokosnuss-Cooler

Für 2 Gläser:
200 g Kirschen
1 Banane
200 ml Kokosnusswasser
   (Drogeriemarkt oder Reformhaus)
evtl. Agavendicksaft
1 Msp. geriebene Tonkabohne

1. Kirschen waschen und entsteinen. Die Banane schälen und grob zerkleinern.
2. Früchte mit Kokosnuss-Wasser im Mixer pürieren. Mit Wasser oder Eiswürfeln soweit gewünscht verdünnen und eventuell mit Agavendicksaft süßen. Mit geriebener Tonkabohne abschmecken.

Pro Portion:
2 g E, 1 g F, 20 g KH = 102 kcal

Tipp: Wenn Sie keine Tonkabohnen haben, schmecken Sie den Drink mit einer Prise Muskatnuss ab.

② Gelber Vanille-Sommerdrink

Für 2 Gläser:
½ kleine Charentais-Melone
1 Nektarine
¼ Vanilleschote
3–4 EL Zitronensaft
evtl. Honig

1. Die Melone in Spalten schneiden, Kerne und Schale entfernen und das Fruchtfleisch grob schneiden. Die Nektarine waschen und das Fruchtfleisch in Spalten vom Stein schneiden.
2. Die Vanilleschote längs aufschneiden und das Mark herauskratzen.
3. Melone, Nektarine, Vanillemark und Zitronensaft im Mixer fein pürieren. Mit Wasser oder Eiswürfeln nach Wunsch verdünnen und eventuell mit etwas Honig süßen.

Pro Portion:
2 g E, 0 g F, 23 g KH = 106 kcal

Tipp: Ein Hochleistungsmixer bekommt auch eine Vanilleschote klitzeklein gemahlen – Sie brauchen die Schote also nicht auszukratzen, sondern geben sie im Stück in den Mixbehälter.

 ## Molke in Pink

Für 2 Gläser:
4 gelbe Pflaumen
100 g rote Johannisbeeren
250 ml Molke
2 EL Erdmandelflocken
evtl. Zucker

1. Die Pflaumen waschen, halbieren und den Stein herauslösen. Die Johannisbeeren waschen und die Beeren mit einer Gabel vom Stiel abstreifen.
2. Pflaumen und Beeren mit Molke und den Erdmandeln im Mixer fein pürieren. Mit Wasser oder Eiswürfeln soweit gewünscht verdünnen und eventuell mit Zucker süßen.

Pro Portion:
3 g E, 3 g F, 21 g KH = 131 kcal

Tipp: Wer keine Erdmandelflocken zur Hand hat, verwendet Nüsse oder Mandeln.

 ## Pfirsich-Lassi mit Minze

Für 2 Gläser:
2 Pfirsiche
3 Stiele Minze
150 g Naturjoghurt
1 Msp. Safran
evtl. Honig

1. Die Pfirsiche waschen und das Fruchtfleisch vom Stein schneiden. Die Minze waschen und grob schneiden.
2. Pfirsiche mit Minze und Joghurt im Mixer fein pürieren. Mit Wasser oder Eiswürfeln soweit gewünscht verdünnen und mit Safran und eventuell Honig abschmecken.

Pro Portion:
4 g E, 1 g F, 13 g KH = 84 kcal

Tipp: Lassi wird in Indien und den angrenzenden Ländern gerne zum Essen serviert. Durch den – wenn auch geringen – Fettgehalt des Getränks mildert es die Schärfe des Essens.

 **Scharfer Melonen-Aprikosen-Drink**

Für 2 Gläser:
600 g Wassermelone (Gewicht mit Schale)
2 Aprikosen
4–5 Blätter Radicchio
1 Zitrone
evtl. Honig
gemahlener Cayennepfeffer

1. Melone in Spalten schneiden, das Fruchtfleisch von der Schale lösen, eventuell Kerne mit einem spitzen Messer herauslösen und die Melone in grobe Stücke schneiden.
2. Die Aprikosen waschen, halbieren und den Stein entfernen. Den Radicchio waschen und grob schneiden. Die Zitrone wie einen Apfel schälen.
3. Alle vorbereiteten Zutaten im Mixer fein pürieren, eventuell mit Wasser oder Eiswürfeln nach Geschmack verdünnen und mit Honig süßen. Mit Cayennepfeffer nach Geschmack scharf würzen.

Pro Portion:
2 g E, 0 g F, 16 g KH = 80 kcal

Tipp: Nach der kurzen Aprikosen-Saison schmeckt dieser Drink auch mit Pfirsichen, Nektarinen oder Pflaumen.

 **Melo-Möhre**

Für 2 Gläser:
400 g Wassermelone (Gewicht mit Schale)
2 kleine Möhren
   (möglichst Bundware mit Möhrengrün)
1 kleines Stück Ingwer
200 ml kalter Früchtetee
evtl. Honig
1–2 Msp. gemahlener Kardamom

1. Melone schälen und die Kerne aus dem Fruchtfleisch lösen.
2. Möhren waschen, das Grün grob hacken, die Möhren ein- bis zweimal durchschneiden. Den Ingwer schälen.
3. Alle vorbereiteten Zutaten mit dem Tee im Mixer fein zerkleinern. Eventuell mit etwas weiterem Wasser oder Eiswürfeln verdünnen und nach Wunsch mit Honig süßen. Den Smoothie mit Kardamom abschmecken.

Pro Portion:
1 g E, 0 g F, 13 g KH = 63 kcal

Tipp: Verwenden Sie immer mal wieder unterschiedliche Teesorten zum Smoothie-Mixen. Geeignet sind alle Sorten Früchte- und Kräutertee. Auch zarter grüner oder schwarzer Tee kann fruchtige Drinks mit zusätzlichem Aroma verfeinern.

Abendrot

Für 2 Gläser:
150 g Aprikosen
150 g Kirschen
2 Tomaten
1 Limette
1 EL Erdmandelflocken
evtl. Zucker

1. Aprikosen waschen, halbieren und den Stein entfernen. Kirschen waschen und entsteinen. Tomaten waschen und den Stielansatz herausschneiden. Die Limette wie einen Apfel schälen und das Fruchtfleisch halbieren.
2. Aprikosen mit einer Tomate, ½ Limette und den Erdmandelflocken im Mixer fein pürieren. Mit Wasser oder Eiswürfeln verdünnen und eventuell mit Zucker abschmecken. Den Mix in zwei Gläser füllen.
3. Kirschen mit der zweiten Tomate und ½ Limette im Mixer fein pürieren und ebenfalls mit Wasser oder Eiswürfeln verdünnen. Nach Wunsch süßen und vorsichtig auf den Aprikosen-Tomaten-Mix füllen. Mit einem Strohhalm servieren.

Pro Portion:
3 g E, 3 g F, 16 g KH = 108 kcal

Tipp: Wenn's schnell gehen soll und die Optik nicht so wichtig ist, können Sie auch alles zusammen pürieren.

HERBST

September, Oktober, November: Der Herbst ist Erntezeit für viele nährstoffreiche Smoothie-Zutaten. Bereiten Sie aus Äpfeln und Birnen, Trauben und Pflaumen, Tomaten, Gurke und Staudensellerie aromatische Wellness-Drinks zu. Und wenn im November das Obst-Angebot auf dem Wochenmarkt geringer wird, greifen Sie zu den ersten Zitrusfrüchten der Saison und bringen mit Trockenfrüchten wie Feigen und Aprikosen fruchtigen Geschmack in Smoothies.

Schichtdrink mit Sesamsalz

Für 2 Gläser:
100 g frische Cranberrys (oder 50 g getrocknete)
100 g helle, kernlose Weintrauben
2 Feigen
2 Stangen Staudensellerie
evtl. Zucker
½ TL Sesamsalz (Reformhaus oder Bioladen)

1. Die Cranberrys und die Weintrauben waschen. Feige und Staudensellerie ebenfalls waschen, die Feige vierteln, den Staudensellerie grob schneiden.
2. Zuerst Weintrauben und Staudensellerie im Mixer fein zerkleinern. Mit etwas Wasser oder einigen Eiswürfeln verdünnen und eventuell mit etwas Zucker süßen. Das grüne Püree in zwei Gläser füllen.
3. Dann Cranberrys und Feigen im Mixer fein zerkleinern und mit Wasser oder Eiswürfeln etwas dünnflüssiger als das erste Püree verdünnen.
4. Den roten Mix vorsichtig, zum Beispiel über einen Löffelrücken, auf das grüne Fruchtpüree füllen und mit etwas Sesamsalz bestreuen. Mit einem langen Trinkhalm zum Durchmixen servieren.

Pro Portion:
3 g E, 1 g F, 21 g KH = 117 kcal

Tipp: Wer die ganz leicht salzige Note von Sesamsalz (Gomasio) nicht mag, bestreut den Drink stattdessen lieber mit fein gehackten Sonnenblumenkernen.

Pflaumen-Nuss-Drink

Für 2 Gläser:
250 g Pflaumen oder Zwetschgen
1 kleiner Zweig Rosmarin
1 kleines Stück Ingwer
½ Zitrone
300 ml Haselnussdrink (oder Mandeldrink)
evtl. Ahornsirup

1. Die Pflaumen waschen, halbieren und die Steine entfernen. Den Rosmarin waschen und die Nadeln vom Stiel streifen. Den Ingwer und die Zitrone schälen.

2. Pflaumen, Rosmarin, Ingwer, Zitronensaft und Haselnussdrink im Mixer fein pürieren und eventuell mit Wasser oder Eiswürfeln verdünnen. Nach Wunsch mit etwas Ahornsirup süßen.

Pro Portion:
1 g E, 3 g F, 17 g KH = 105 kcal

Tipp: Mandeldrink kann man auch leicht selber machen: Für etwa einen halben Liter Mandeldrink weichen Sie 100 g ungeschälte ganze Mandeln über Nacht in Wasser ein. Am nächsten Tag das Einweichwasser weggießen und 600 ml frisches Wasser mit den Mandeln im Mixer ganz fein pürieren. Die Mandelmilch durch ein Passiertuch abgießen und die Rückstände mit dem Tuch sehr gut ausdrücken. Der Mandeldrink bleibt im Kühlschrank 2 bis 3 Tage frisch.

① Gurken-Drink mit Asia-Aromen

Für 2 Gläser:
1 kleine Bio-Salatgurke
1 Stiel Zitronengras
1 cm Ingwerknolle
2 Stiele Koriander
200 ml grüner Tee (abgekühlt)
evtl. Zucker
½ TL geröstetes Sesamöl

1. Die Gurke waschen, die Enden abschneiden und die Gurke grob zerteilen.
2. Vom Zitronengras die äußeren Blätter entfernen, das weiche Innere grob schneiden. Den Ingwer schälen, den Koriander waschen und die Blättchen vom Stiel zupfen.
3. Alle vorbereiteten Zutaten im Mixer fein pürieren, mit Tee und eventuell einigen Eiswürfeln bis zur gewünschten Konsistenz verdünnen und nach Wunsch mit etwas Zucker süßen.
4. Den Drink in zwei Gläser füllen und mit wenig Sesamöl beträufeln.

Pro Portion:
1 g E, 1 g F, 2 g KH = 27 kcal

Tipp: Korianderblätter treffen nicht jedermanns Geschmack. Der Drink schmeckt aber auch mit Petersilie oder Basilikum.

② Mexikanischer Tomatendrink

Für 2 Gläser:
2 Tomaten
¼ Chilischote
2 Stiele Koriander
1 Limette
½ Avocado
evtl. Salz

1. Die Tomaten und die Chilischote waschen, die Tomaten grob zerteilen. Koriander waschen und die Blättchen von den Stielen zupfen.
2. Die Limette wie einen Apfel schälen und das Fruchtfleisch grob würfeln. Mit einem Löffel das Fruchtfleisch der Avocado aus der Schale lösen.
3. Alle vorbereiteten Zutaten im Mixer fein pürieren, mit Wasser oder Eiswürfeln verdünnen, bis die gewünschte Konsistenz erreicht ist.
4. Eventuell mit einer Prise Salz abschmecken.

Pro Portion:
1 g E, 6 g F, 4 g KH = 75 kcal

Tipp: Wenn Sie zum Mixen nur eine halbe Avocado brauchen, beträufeln sie die Hälfte, in der der Stein liegt, mit etwas Zitronensaft und wickeln die Frucht fest in Klarsichtfolie, sodass möglichst wenig Luft an das Fruchtfleisch gelangen kann. So geschützt, bleibt die Avocado im Gemüsefach des Kühlschranks 1 bis 2 Tage frisch.

Cranberry-Kokos-Smoothie

Für 2 Gläser:
1 Apfel
½ Limette
1 kleines Stück Ingwer
150 g frische Cranberrys
100 ml Kokosmilch
evtl. brauner Zucker

1. Den Apfel waschen, vierteln und das Kerngehäuse herausschneiden. Die Limette und den Ingwer schälen. Die Cranberrys waschen.
2. Alle vorbereiteten Zutaten mit der Kokosmilch im Mixer sehr fein pürieren. Mit Wasser oder Eiswürfeln soweit gewünscht verdünnen. Eventuell mit etwas braunem Zucker süßen.

Pro Portion:
1 g E, 9 g F, 17 g kH = 174 kcal

Tipp: Der Kauf von Kokosmilch light lohnt sich nicht. Lediglich der Wasseranteil ist höher als beim Original. Wer Kalorien sparen möchte, kann ebenso gut nur die Hälfte der aromatischen Kokosmilch verwenden und die fehlende Menge durch Wasser oder Eiswürfel ersetzen.

 ## Apfel-Schmand-»Kuchen« im Glas

Für 2 Gläser:
2 Äpfel
½ Zitrone
100 g Schmand
1 EL Haselnusskerne
evtl. Zucker
2 Msp. Zimt

1. Die Äpfel schälen, vierteln und das Kerngehäuse herausschneiden. Die Zitrone wie einen Apfel schälen.
2. Apfel, Zitrone und Schmand mit den Haselnusskernen im Mixer fein zerkleinern. Mit Wasser oder Eiswürfeln soweit gewünscht verdünnen und eventuell mit etwas Zucker süßen.
3. In zwei Gläser füllen und mit Zimt bestreuen.

Pro Portion:
3 g E, 16 g F, 28 g KH = 284 kcal

Tipp: Für noch mehr Fruchtgeschmack verdünnen Sie den Drink nicht mit Wasser, sondern mit Apfelsaft.

① Birnen-Smoothie mit Mohn

Für 2 Gläser:
1 Zitrone
2 Birnen
200 ml Buttermilch
¼ Vanilleschote
evtl. Honig
2 TL gemahlener Mohn

1. Die Zitrone heiß abwaschen, trocken reiben und 1–2 TL Schale fein abreiben. Dann die Zitrone wie einen Apfel schälen. Die Birnen waschen, vierteln und das Kerngehäuse entfernen.
2. Birnen, Buttermilch, Vanilleschote, Zitronenschale und -fruchtfleisch im Mixer sehr fein pürieren. Mit Wasser oder Eiswürfeln nach Wunsch verdünnen und eventuell mit Honig süßen. Zum Schluss den Mohn kurz untermixen.

Pro Portion:
5 g E, 2 g F, 22 g KH = 133 kcal

Tipp: Mit Buttermilch und Zitrone frisch und fruchtig! Ein ganz sanfter und milder Smoothie wird daraus, wenn Sie statt der sauren Zutaten Milch und 1–2 EL Mandeln verwenden.

② Brombeer-Apfel-Drink

Für 2 Gläser:
125 g Brombeeren
1 kleiner Apfel
½ kleiner Kolben Chicorée
4 getrocknete Aprikosen
200 ml Früchtetee (abgekühlt)
evtl. Apfeldicksaft

1. Die Brombeeren waschen. Apfel waschen, vierteln und das Kerngehäuse herausschneiden. Den Chicorée waschen und grob schneiden.
2. Die vorbereiteten Zutaten mit Aprikosen und Früchtetee im Mixer sehr fein pürieren. Mit Wasser oder Eiswürfeln verdünnen und nach Wunsch mit etwas Apfeldicksaft süßen.

Pro Portion:
2 g E, 1 g F, 20 g KH = 100 kcal

Tipp: Abgepackter Früchtetee enthält oft künstliche Aromen. Wer Wert auf natürlichen Früchtetee legt, fragt im Teeladen nach oder wird im Internet fündig.

Trauben-Basilikum-Smoothie mit Seidentofu

Für 2 Gläser:
150 g blaue kernlose Trauben
4 Stiele Basilikum
1 Limette
¼ Vanilleschote
100 g Seidentofu
evtl. Agavendicksaft

1. Die Trauben und den Basilikum waschen, die Basilikumblättchen vom Stiel zupfen. Limette wie einen Apfel schälen und das Fruchtfleisch grob schneiden.
2. Alle vorbereiteten Zutaten mit der Vanilleschote und dem Seidentofu im Mixer sehr fein pürieren, mit Wasser oder Eiswürfeln nach Wunsch verdünnen. Eventuell mit Agavendicksaft süßen.

Pro Portion:
3 g E, 2 g F, 11 g KH = 88 kcal

Tipp: Zarter Seidentofu lässt sich besonders gut pürieren und ist gut geeignet, um vegane »milchige« Smoothies zuzubereiten.

 Kohlrabi-Trauben-Smoothie

Für 2 Gläser:
1 Birne
½ Zitrone
150 g grüne kernlose Weintrauben
6–8 Kohlrabiblätter
4 getrocknete Datteln ohne Stein
evtl. Birnendicksaft

1. Die Birne waschen, vierteln und das Kerngehäuse herausschneiden. Die Zitrone wie einen Apfel schälen. Die Weintrauben waschen und vom Stiel zupfen, die Kohlrabiblätter waschen.
2. Die vorbereiteten Zutaten mit den Datteln im Mixer sehr fein pürieren, dabei Wasser oder Eiswürfel zugeben, bis der Smoothie eine cremige Konsistenz hat. Eventuell mit etwas Birnendicksaft nachsüßen.

Pro Portion:
2 g E, 1 g F, 32 g KH = 150 kcal

Tipp: Die Datteln und die frischen Früchte enthalten eine Menge fruchteigenen Zucker, probieren Sie daher unbedingt, ob Ihnen der Smoothie nicht auch ungesüßt schmeckt.

① Karobsüßer Traubendrink

Für 2 Gläser:
150 g kernlose helle Weintrauben
1 Birne
2 EL Zitronensaft
2 EL Karobpulver
2 Msp. gemahlener Sternanis
evtl. Zucker

1. Die Trauben waschen. Birne waschen, vierteln und das Kerngehäuse herausschneiden.
2. Birne, Trauben, Zitronensaft und Karobpulver im Mixer fein zerkleinern. Mit Wasser oder Eiswürfeln verdünnen und mit Sternanis würzen. Eventuell mit etwas Zucker nachsüßen.

Pro Portion:
3 g E, 0 g F, 15 g KH = 78 kcal

Tipp: Wer seine Smoothies gerne mit etwas Zucker nachsüßt, kann sich Läuterzucker kochen. Jeweils die gleichen Mengen Zucker und Wasser aufkochen, bis sich der Zucker gelöst hat. Abkühlen lassen und im Kühlschrank aufbewahren. Läuterzucker oder Zuckersirup lässt sich gut dosieren und der Zucker muss sich nicht erst im Smoothie auflösen.

② Pflaumen-Kiwi-Smoothie

Für 2 Gläser:
100 g Pflaumen
1 gelbe Kiwi
1 kleine Bio-Orange
200 ml schwarzer Tee (abgekühlt)
evtl. Honig

1. Die Pflaumen waschen, halbieren und den Stein entfernen. Die Kiwi waschen und vierteln. Die Orange waschen, trocken reiben und 2 TL Schale abreiben. Dann die Orange wie einen Apfel schälen und grob schneiden.
2. Früchte mit Orangenschale und schwarzem Tee im Mixer fein zerkleinern. Nach Wunsch mit Wasser oder Eiswürfeln verdünnen und eventuell mit Honig süßen.

Pro Portion:
1 g E, 0 g F, 14 g KH = 73 kcal

Tipp: Milde Sorten Schwarztee eignen sich für die Zubereitung von Smoothies bestens: Versuchen Sie Darjeeling, Nepal oder Oolong. Ganz besonders gut für diesen Drink: Earl Grey – ein feiner Darjeeling, der mit natürlichem Bergamotte-Öl aromatisiert wird.

Grüne Smoothies für Einsteiger

② BBB-Milch

Basilikum, Blaubeeren und Bananen vereint in einem fruchtig-frischen Milchdrink.

① Süßes Sellerie-Rosinchen

Zimt unterstreicht den fruchtig-süßen Geschmack von Feige und Rosine aufs Feinste.

④ Salat-Kaki-Bananen-Smoothie

Vitamindrink mit köstlich-exotischem Aroma.

③ Spinat-Feige

Spinat und Feige ergeben eine sanfte Süße, ergänzt durch die feine Säure von Zitrone.

Grüne Smoothies für Einsteiger

Sattgrüne Vital-Drinks finden immer mehr Freunde. Wer erst einmal auf den Geschmack gekommen ist, will auf die Pflanzenpower aus Blattsalaten, Kräutern, Spinat, Gemüse- und Kohlblättern nicht mehr verzichten. Völlig zu recht; enthalten doch beispielsweise Möhrenkraut, Radieschen- und Kohlrabiblätter häufig mehr wertgebende Inhaltsstoffe als das Gemüse selbst.

Vor allem Kinder oder »Gemüsemuffel« wollen jedoch überzeugt werden: Für sie ist der Geschmack oft herb und ungewohnt. In diesem Fall mixt man am besten Feigen, vollreife Bananen und Weintrauben mit milden Blattsalaten, Spinat und Staudensellerie zu ausgewogenen und wenig herben Drinks. Auch Trockenfrüchte wie Rosinen, Aprikosen und Datteln bieten eine Extraportion Fruchtsüße, die grünen Smoothies guttut und jeden Skeptiker überzeugt.

Süßes Sellerie-Rosinchen

Für 2 Gläser:
2 dünne Stangen Staudensellerie
2 Handvoll Staudenselleriegrün (oder Blattsalat)
2 Feigen
60 g Rosinen
1 TL Zimt

1. Den Staudensellerie waschen und grob schneiden. Das Selleriegrün waschen. Die Feigen ebenfalls waschen und halbieren.
2. Alle vorbereiteten Zutaten im Mixer mit den Rosinen und dem Zimt sehr fein pürieren. Mit Wasser oder Eiswürfeln nach Geschmack verdünnen.

Pro Portion:
2 g E, 1 g F, 31 g KH = 148 kcal

Tipp: Wenn Sie Fruchtsmoothies mithilfe von Rosinen eine angenehme Süße verleihen möchten, wählen Sie eher helle Sorten Weinbeeren, damit die frischen Farben der Drinks nicht leiden.

② BBB-Milch

Für 2 Gläser:
1 Banane
150 g Blaubeeren
6–8 Stiele Basilikum
200 ml Milch

1. Die Banane schälen und grob zerteilen. Blaubeeren waschen. Basilikum waschen und die Blättchen vom Stiel zupfen.
2. Alle vorbereiteten Zutaten mit der Milch in den Mixer geben und sehr fein pürieren. Eventuell mit Wasser oder Eiswürfeln verdünnen.

Pro Portion:
5 g E, 2 g F, 19 g KH = 125 kcal

Tipp: Wer seine Smoothies mit einem Hochleistungsmixer zubereitet, kann die Basilikumstiele mitverwenden.

③ Spinat-Feige

Für 2 Gläser:
2 Feigen
1 süßer Apfel
½ Zitrone
1 Handvoll Spinatblätter
1 EL Mandeln

1. Die Feigen und den Apfel waschen. Die Feigen halbieren, den Apfel vierteln und das Kerngehäuse entfernen. Die Zitrone wie einen Apfel schälen.
2. Spinat waschen und mit Feigen, Apfel, Zitrone und Mandeln im Mixer fein pürieren. Mit Wasser oder Eiswürfeln nach Wunsch verdünnen.

Pro Portion:
4 g E, 4 g F, 24 g KH = 158 kcal

Tipp: Süße Apfelsorten sind beispielsweise Golden Delicious, Fuji, Cripps Pink, Royal Gala oder Red Delicious. Wer es etwas saurer mag, wählt einen Apfel der Sorte Braeburn, Elstar oder Jonagold.

④ Salat-Kaki-Bananen-Smoothie

Für 2 Gläser:
1 Banane
1 Kaki
6–8 Blätter Kopfsalat
150 ml milder Orangensaft (100 % Frucht)

1. Die Banane schälen, die Kaki waschen, halbieren und den Stielansatz abschneiden. Kopfsalat waschen.
2. Alle vorbereiteten Zutaten mit dem Orangensaft im Mixer fein pürieren. Mit Wasser oder Eiswürfeln soweit gewünscht verdünnen.

Pro Portion:
2 g E, 0 g F, 23 g KH = 108 kcal

Tipp: »Milder Orangensaft« ist nicht etwa mild, weil ihm Zucker zugesetzt wird. Es werden lediglich von Natur aus säurearme Orangen verarbeitet.

Holunderdrink mit Kopfsalat

Für 2 Gläser:
6–8 Kopfsalatblätter
100 g kernlose grüne Weintrauben
100 g Holunderbeersaft (selbstgemacht oder 100 % Frucht)
2 EL Erdmandelflocken
2 Msp. gemahlene Nelken
evtl. Zucker

1. Den Kopfsalat waschen. Weintrauben waschen und vom Stiel zupfen.
2. Holunderbeersaft und alle vorbereiteten Zutaten mit den Erdmandelflocken im Mixer fein pürieren. Mit Wasser oder Eiswürfeln verdünnen, mit Nelken würzen und eventuell mit etwas Zucker süßen.

Pro Portion:
2 g E, 4 g F, 14 g KH = 104 kcal

Tipp: Statt Erdmandelflocken können Sie auch je einen Esslöffel Nüsse oder Mandeln und Haferflocken verwenden.

① Birnen-Maronen-Smoothie

Für 2 Gläser:
1 Birne
50 g Maronen (vakuumverpackt)
2 EL Ricotta
je 2 Msp. Muskatnuss und Anis
evtl. Ahornsirup

1. Die Birne waschen, vierteln und das Kerngehäuse herausschneiden.
2. Birne mit Maronen, Ricotta und 100 ml Wasser im Mixer fein pürieren. Mit Wasser oder Eiswürfeln nach Wunsch verdünnen und mit Muskatnuss und Anis abschmecken. Wer mag, süßt den Smoothie mit etwas Ahornsirup.

Pro Portion:
3 g E, 5 g F, 20 g KH = 147 kcal

Tipp: Für einen Schokoladen-Maronen-Trunk noch 1 Esslöffel Kakaopulver zugeben. Verwenden Sie dafür möglichst »echten« Kakao, sie finden ihn im Supermarkt bei den Backzutaten. Kakao-Getränkepulver und Trinkschokolade-Pulver enthalten viel Zucker.

② Grüne Buttermilch

Für 2 Gläser:
½ kleine Galiamelone (oder eine andere Zuckermelone)
100 g kernlose grüne Weintrauben
½ Avocado
4 Stiele Zitronenmelisse
150 ml Buttermilch
evtl. Zucker

1. Melone schälen und die Kerne entfernen. Weintrauben waschen und von den Stielen zupfen. Den Kern aus der Avocado lösen und das Fruchtfleisch mit einem Löffel aus der Schale heben.
2. Die Zitronenmelisse waschen und die Blättchen vom Stiel zupfen.
3. Alle vorbereiteten Zutaten mit der Buttermilch in den Mixer geben und fein pürieren. Nach Wunsch mit Wasser oder Eiswürfeln verdünnen und mit etwas Zucker süßen.

Pro Portion:
5 g E, 6 g F, 29 g KH = 204 kcal

Tipp: Gelingt auch mit Honigmelone.

Pflaumen-Birnen-Drink

Für 2 Gläser:
1 Birne
200 g Pflaumen
1 Scheibe Ingwer
200 ml Früchtetee (abgekühlt)
1 EL Haselnusskerne
2 Msp. gemahlener Piment
evtl. Ahornsirup

1. Birne waschen, vierteln und das Kerngehäuse herausschneiden. Pflaumen waschen, halbieren und die Steine entfernen. Den Ingwer schälen.
2. Früchte mit Tee, Haselnusskernen und Ingwer im Mixer fein pürieren. Eventuell mit Wasser oder Eiswürfeln soweit gewünscht verdünnen und mit gemahlenem Piment abschmecken. Wer mag, süßt mit etwas Ahornsirup.

Pro Portion:
2 g E, 5 g F, 19 g KH = 132 kcal

Tipp: Der Drink gelingt mit allen Pflaumensorten: Versuchen Sie es mit Rundpflaumen, gelben Pflaumen, Mirabellen oder Zwetschgen.

 ## Birnen-Romano-Smoothie

Für 2 Gläser:
1 Birne
100 g Preiselbeeren
1 Kopf Mini-Romano-Salat
evtl. Honig
2 EL Naturjoghurt
2 Msp. Zimt

1. Die Birne waschen, vierteln und von Stiel und Kerngehäuse befreien.
2. Die Preiselbeeren und den Salat waschen und tropfnass mit den Birnen in den Mixer geben und fein pürieren. Mit Wasser oder Eiswürfeln nach Wunsch verdünnen und eventuell mit Honig süßen.
3. Den Drink in zwei Gläser füllen, je einen Klecks Joghurt daraufsetzen und mit Zimt bestreuen.

Pro Portion:
2 g E, 1 g F, 13 g KH = 74 kcal

Tipp: Später im Jahr schmeckt der Drink mit ungesüßten Preiselbeeren aus dem Glas und Feldsalat.

Oktober-Smoothie

Für 2 Gläser:
1 Birne
1 Kiwi
100 g Brombeeren
1 Handvoll Lollo-bianco-Salat
   (oder anderer Blattsalat mit hellen Blättern)
evtl. Birnendicksaft
100 ml Milch
gemahlener Anis oder Zimt

1. Die Birne waschen, vierteln und das Kerngehäuse herausschneiden. Die Kiwi schälen und grob schneiden. Brombeeren und Salat waschen.
2. Alle vorbereiteten Zutaten in den Mixbehälter geben und sehr fein mixen. Mit Wasser oder Eiswürfeln verdünnen, eventuell mit etwas Birnendicksaft süßen.
3. Die Milch aufschäumen und als Häubchen auf den Drink setzen, mit gemahlenem Anis oder Zimt bestreut servieren.

Pro Portion:
3 g E, 2 g F, 18 g KH = 100 kcal

Tipp: Herbe Brombeeren sind nicht jedermanns Sache. Wer milde Drinks bevorzugt, verwendet Himbeeren oder Blaubeeren.

Hot Grape-Drink

Für 2 Gläser:
200 g kernlose helle Weintrauben
1 Apfel
1 Limette
3 Stiele Koriander
200 ml Ingwertee (abgekühlt)
1–2 Msp. Cayennepfeffer
evtl. brauner Zucker

1. Weintrauben waschen. Den Apfel waschen, vierteln und das Kerngehäuse herausschneiden.
2. Die Limette wie einen Apfel schälen. Koriander waschen, die Blättchen von den Stielen zupfen.
3. Alle vorbereiteten Zutaten mit dem Ingwertee im Mixer pürieren, mit Wasser oder Eiswürfeln nach Geschmack verdünnen und mit Cayennepfeffer würzen. Eventuell mit etwas Zucker süßen.

Pro Portion:
1 g E, 1 g F, 29 g KH = 136 kcal

Tipp: Wer es eher dezent scharf mag, sollte mit dem Cayennepfeffer vorsichtig sein – oder ihn vielleicht sogar ganz weglassen.

124 SMOOTHIES FÜR ALLE JAHRESZEITEN

② Staudensellerie-Joghurt-Drink

Für 2 Gläser:
2 Stangen Staudensellerie mit Grün
1 Bio-Orange
¼ Vanilleschote
150 g Naturjoghurt
evtl. Zucker

1. Den Staudensellerie waschen und grob schneiden. 2 TL Orangenschale abreiben, dann die Orange wie einen Apfel schälen. Das Fruchtfleisch grob schneiden.
2. Staudensellerie, Orangenfruchtfleisch und -schale und die Vanilleschote in den Mixer geben und mit dem Joghurt fein pürieren. Wasser oder Eiswürfel nach Geschmack zugeben und eventuell mit etwas Zucker süßen.

Pro Portion:
4 g E, 2 g F, 10 g KH = 76 kcal

Tipp: Entscheiden Sie selbst, wie viel von der dicken, wattigen Schicht Sie beim Schälen der Orange entfernen möchten. Sie enthält wertvolle Ballaststoffe, beeinträchtigt den Geschmack des Drinks jedoch nicht. Grund genug also, sie nicht so großzügig zu entfernen.

① Kohlrabi-Apfel-Schmeichler

Für 2 Gläser:
½ kleiner Kohlrabi mit Grün (etwa 150 g)
1 kleiner Apfel
100 g Naturjoghurt
1 TL mildes Currypulver
evtl. Apfeldicksaft

1. Den Kohlrabi schälen und grob würfeln, die Kohlrabiblätter waschen und grob schneiden. Den Apfel waschen, vierteln und das Kerngehäuse herausschneiden.
2. Kohlrabi, Kohlrabiblätter, Apfel und Naturjoghurt im Mixer fein pürieren. Mit Wasser oder Eiswürfeln nach Wunsch verdünnen und mit Currypulver herzhaft abschmecken. Wer mag, rundet den Geschmack noch mit ein wenig Apfeldicksaft ab.

Pro Portion:
3 g E, 1 g F, 14 g KH = 82 kcal

Tipp: Statt Kohlrabi können Sie auch ein Stück Rettich für den aromatischen Drink verwenden.

Deep-Purple-Smoothie

Für 2 Gläser:
50 g Brombeeren
50 g Heidelbeeren
½ Zitrone
2 Rote Bete (gegart, vakuumverpackt)
evtl. Honig

1. Brombeeren und Heidelbeeren waschen, die Zitrone wie einen Apfel schälen und grob schneiden.
2. Beeren, Zitrone und Rote Bete im Mixer fein pürieren, mit Wasser oder Eiswürfeln verdünnen und eventuell mit etwas Honig abschmecken.

Pro Portion:
1 g E, 0 g F, 9 g KH = 50 kcal

Tipp: Wer es gehaltvoller und cremiger mag, mixt noch einen Esslöffel Frischkäse in den Drink – besonders pikant wird's mit Ziegenfrischkäse.

 Paprika-Avocado-Drink

Für 2 Gläser:
1 kleine rote Paprikaschote
½ Avocado
1 Handvoll Spinatblätter
4 Stiele Basilikum
1–2 EL Balsamessig
1 TL Chiliöl

1. Die Paprikaschote waschen und halbieren. Rippen und Kerne entfernen und das Fruchtfleisch grob würfeln. Das Fruchtfleisch der Avocado mit einem Löffel aus der Schale heben.
2. Spinatblätter und Basilikum waschen und tropfnass zusammen mit Paprika, Avocado und Essig in den Mixer geben.
3. Alles gut pürieren und mit Wasser oder Eiswürfeln verdünnen. In zwei Gläser füllen und mit dem Chiliöl beträufeln.

Pro Portion:
2 g E, 6 g F, 4 g KH = 84 kcal

Tipp: Statt mit Chiliöl können Sie den Drink auch mit einer Prise Cayennepfeffer bestreuen und einige Tropfen Olivenöl darüberträufeln.

128 SMOOTHIES FÜR ALLE JAHRESZEITEN

② Birnen-Gurken-Smoothie

Für 2 Gläser:
½ Bio-Salatgurke
1 Birne
6 Stiele Basilikum
1 EL Walnusskerne
evtl. Zucker

1. Gurke und Birne waschen. Die Gurke grob schneiden, die Birne vierteln und das Kerngehäuse herausschneiden.
2. Basilikum waschen und die Blättchen vom Stiel zupfen.
3. Gurke, Birne, Basilikum und Walnüsse im Mixer fein pürieren. Mit Wasser oder Eiswürfeln soweit gewünscht verdünnen und eventuell mit Zucker süßen.

Pro Portion:
2 g E, 5 g F, 11 g KH = 100 kcal

Tipp: Minigurken, die nur etwa 100 g pro Stück wiegen, sind besonders praktisch für kleine Haushalte.

① Scharfe Gurke

Für 2 Gläser:
1 Salatgurke
1 Apfel
1 Handvoll Rucola
evtl. Apfel- oder Birnendicksaft

1. Die Gurke waschen und in Stücke schneiden. Den Apfel waschen, vierteln und das Kerngehäuse herausschneiden. Den Rucola waschen und grob schneiden.
2. Die vorbereiteten Zutaten im Mixer fein pürieren und mit Wasser oder Eiswürfeln nach Belieben verdünnen. Eventuell mit etwas Dicksaft süßen.

Pro Portion:
1 g E, 0 g F, 15 g KH = 68 kcal

Tipp: Wer einen milden Drink ohne den würzigen Rucola bevorzugt, verwendet Batavia- oder Kopfsalat.

Papaya-Tomaten-Smoothie

Für 2 Gläser:
150 g Tomaten
1 Papaya
½ Zitrone
3 Blätter Chinakohl
200 ml Kefir
evtl. Ahornsirup, Pfeffer

1. Die Tomaten waschen und den Stielansatz entfernen. Die Papaya halbieren, die Kerne mit einem Löffel herausheben und das Fruchtfleisch aus der Schale lösen.
2. Die Zitrone wie einen Apfel schälen und grob schneiden, den Chinakohl waschen.
3. Alle vorbereiteten Zutaten mit dem Kefir in einem Mixer sehr fein pürieren und mit Wasser oder Eiswürfeln soweit wie gewünscht verdünnen. Eventuell mit etwas Ahornsirup und einer Prise Pfeffer abschmecken.

Pro Portion:
5 g E, 2 g F, 15 g KH = 107 kcal

Tipp: Wer die leicht prickelnde Säure von Kefir nicht mag, verwendet stattdessen 1 bis 2 EL Quark und fügt entsprechend mehr Wasser oder Eiswürfel zu.

 ## Pesto Rosso-Smoothie

Für 2 Gläser:
4 Tomaten (ca. 300 g)
4 Stiele Basilikum
2 TL Pinienkerne
2–3 TL Balsamessig
Salz, Pfeffer
1 TL Olivenöl
evtl. 2 Kapernäpfel

1. Die Tomaten waschen und vierteln. Das Basilikum waschen und die Blättchen vom Stiel zupfen.
2. Tomaten mit Basilikum, Pinienkernen und Balsamessig im Mixer fein pürieren. Den Smoothie mit Wasser oder Eiswürfeln soweit gewünscht verdünnen und mit Salz und Pfeffer würzen.
3. Pesto Rosso-Smoothie in zwei Gläser füllen und mit dem Olivenöl beträufelt servieren. Eventuell die Kapernäpfel einschneiden und als Deko auf den Rand setzen.

Pro Portion:
3 g E, 4 g F, 5 g KH = 72 kcal

Tipp: Für eine schnelle italienische Vorspeise richten Sie einfach ein paar Oliven, etwas eingelegtes Gemüse und den Pesto-Rosso-Smoothie in einem kleinen Glas auf Tellern an und reichen frisches Brot dazu.

① Cremiger Apfel-Maronen-Drink

Für 2 Gläser:
1 Apfel
1 Zitrone
50 g Maronen (vakuumverpackt)
¼ Vanilleschote
1 EL Haselnüsse
200 ml Molke
evtl. Zucker

1. Den Apfel waschen, vierteln und das Kerngehäuse entfernen. Die Zitrone wie einen Apfel schälen und grob zerschneiden.
2. Apfel, Zitrone, Maronen, Vanilleschote, Haselnüsse und Molke im Mixer sehr fein pürieren. Mit Wasser oder Eiswürfeln nach Wunsch verdünnen und eventuell mit etwas Zucker süßen.

Pro Portion:
3 g E, 6 g F, 29 g KH = 188 kcal

Tipp: Sie können anstelle von Molke auch Kefir verwenden – das bringt eine spritzige Note in den Drink.

② Orangen-Preiselbeer-Smoothie

Für 2 Gläser:
2 Orangen
4 Blätter Chinakohl
50 g Maronen (vakuumverpackt)
100 g Preiselbeeren (ungesüßt, Konserve)
evtl. Honig
1 TL Balsamessig

1. Die Orangen wie einen Apfel schälen und das Fruchtfleisch grob zerschneiden. Den Chinakohl waschen und in dicke Streifen schneiden.
2. Orangen, Kohlblätter, Maronen und Preiselbeeren im Mixer sehr fein zerkleinern. Mit Wasser oder Eiswürfeln soweit gewünscht verdünnen und eventuell mit etwas Honig süßen.
3. Den Drink in zwei Gläser füllen und mit dem Balsamessig beträufeln.

Pro Portion:
3 g E, 1 g F, 26 g KH = 136 kcal

Tipp: Statt mit Balsamessig schmeckt der Drink auch mit etwas Kürbiskern- oder Walnussöl beträufelt.

WINTER

Dezember, Januar, Februar: Wenn im Winter die Natur in unseren Breiten ruht, greifen Smoothie-Liebhaber zu Früchten aus wärmeren Ländern, gelagertem und eingemachtem heimischen Obst und Blattgemüse aus dem Gewächshaus. Ergänzen Sie die frischen Zutaten mit Trockenfrüchten, Nüssen, Sprossen und Tiefkühlprodukten. Mit diesen Zutaten gelingen Vitalstoff-Drinks, mit denen Sie fit und gesund durch die kalte Jahreszeit kommen. Probieren Sie heiße Smoothies – genau das Richtige zum Aufwärmen nach einem Winterspaziergang.

① Himbeer-Sunrise

Für 2 Gläser:
70 g getrocknete Aprikosen
500 ml Buttermilch
¼ Vanilleschote
1 Orange
100 g TK-Himbeeren
evtl. Honig

1. Die Aprikosen mit der Buttermilch und der Vanilleschote im Mixer fein pürieren und mit Wasser oder Eiswürfeln nach Wunsch verdünnen. Den Mix in zwei Gläser füllen.
2. Die Orange schälen und das Fruchtfleisch grob schneiden. Orange und die tiefgefrorenen Himbeeren im Mixer fein pürieren und ebenfalls mit Wasser oder Eiswürfeln verdünnen. Eventuell mit Honig süßen und vorsichtig über die Aprikosen-Buttermilch gießen.

Pro Portion:
12 g E, 2 g F, 35 g KH = 224 kcal

Tipp: Es geht auch andersherum: Buttermilch mit den Himbeeren pürieren und einen Aprikosen-Orangen-Mix daraufgeben.

② Fruchtiger Vanille-Fenchel

Für 2 Gläser:
1 Apfel
1 weiche Birne
200 ml Fencheltee (abgekühlt)
¼ Vanilleschote
1 EL Quark
evtl. Apfel- oder Birnendicksaft
1 EL getrocknete Goji-Beeren oder Cranberrys

1. Apfel und Birne waschen, vierteln und das Kerngehäuse herausschneiden.
2. Fencheltee, Früchte, Vanilleschote und Quark im Mixer fein pürieren. Mit Wasser oder Eiswürfeln soweit gewünscht verdünnen und eventuell mit etwas Apfel- oder Birnendicksaft süßen.
3. Die Beeren zugeben und kurz pürieren, im Idealfall sind die roten Beeren nur soweit zerkleinert, dass der Drink rot gepunktet ist.

Pro Portion:
3 g E, 0 g F, 23 g KH = 108 kcal

Tipp: Dicksäfte werden durch Erhitzen und Eindicken von Saft hergestellt und enthalten etwa 85 Prozent fruchteigenen Zucker.

② Apfel-Berberitzen-Smoothie

Für 2 Gläser:
1 Apfel
½ Zitrone
1 Handvoll Feldsalat
40 g getrocknete Berberitzen (oder Cranberrys)
1 EL Walnusskerne
evtl. Ahornsirup

1. Den Apfel waschen, vierteln und das Kerngehäuse herausschneiden. Die Zitrone wie einen Apfel schälen, den Feldsalat waschen.
2. Alle vorbereiteten Zutaten mit den Berberitzen und den Walnüssen im Mixer sehr fein pürieren. Mit Wasser oder Eiswürfeln nach Wunsch verdünnen und eventuell mit etwas Ahornsirup süßen.

Pro Portion:
2 g E, 6 g F, 29 g KH = 178 kcal

Tipp: Für einen cremigen Drink 1 bis 2 Esslöffel Frischkäse zugeben – besonders lecker mit Ziegenfrischkäse.

① Berberitzen-Birnen-Smoothie

Für 2 Gläser:
1 Banane
1 Birne
1 Handvoll Mungosprossen
30 g getrocknete Berberitzen (oder Cranberrys)
1 Msp. Safran
evtl. brauner Zucker

1. Die Banane schälen. Birne waschen, vierteln und das Kerngehäuse herausschneiden. Die Mungosprossen waschen.
2. Alle vorbereiteten Zutaten mit den Berberitzen und dem Safran im Mixer fein pürieren. Mit Wasser oder Eiswürfeln nach Wunsch verdünnen und wenn nötig mit etwas braunem Zucker nachsüßen.

Pro Portion:
1 g E, 0 g F, 30 g KH = 130 kcal

Tipp: Die säuerlich-aromatischen Früchte des Berberitzenstrauchs gibt es bei uns nur getrocknet zu kaufen. Sie finden sie im Reformhaus oder Bioladen, oft auch in türkischen oder asiatischen Lebensmittelgeschäften.

❶ Tropicana-Cocktail

Für 2 Gläser:
2 Feigen
1 kleine Banane
1 Limette
1 Granatapfel (oder 100 ml Granatapfelsaft, 100 % Frucht)
200 ml Kokosnusswasser
evtl. brauner Zucker

1. Die Feigen waschen, die Banane schälen. Beides grob schneiden.
2. Die Limette wie einen Apfel schälen, den Granatapfel halbieren und auf der Zitruspresse auspressen.
3. Feigen, Banane, Limette, Granatapfelsaft und Kokosnusswasser in den Mixer geben und fein pürieren. Eventuell mit etwas Wasser oder Eiswürfeln verdünnen und mit braunem Zucker süßen.

Pro Portion:
2 g E, 2 g F, 29 g KH = 150 kcal

Tipp: Wer mag, lässt zwei Scheiben oder Spalten Feige zurück, drückt sie mit einer Seite in Sesamkörner und steckt sie als Deko auf einen Spieß, der am Glasrand drapiert wird.

❷ Papaya-Ananas-Drink

Für 2 Gläser:
½ Papaya
½ Limette
3 Scheiben Ananas (Kühlregal)
100 g Seidentofu
evtl. Ahornsirup

1. Die Kerne mit einem Löffel aus der Papaya heben und das Fruchtfleisch aus der Schale lösen. Die Limette wie einen Apfel schälen.
2. Papaya, Limette, Ananas und Seidentofu mit etwas Wasser im Mixer fein zerkleinern. Mit weiterem Wasser oder Eisstückchen soweit gewünscht verdünnen. Nach Geschmack mit etwas Ahornsirup abschmecken.

Pro Portion:
3 g E, 2 g F, 14 g KH = 92 kcal

Tipp: Geschnittene frische Ananasscheiben eignen sich besonders gut für kleine Haushalte. Je nach Saison finden Sie in den Kühlregalen der Obst- und Gemüseabteilungen beispielsweise auch Melonenscheiben oder Obstsalat. Achten Sie auf ein appetitlich frisches Aussehen und auf das Mindesthaltbarkeitsdatum.

Apfel-Orangen-Drink mit Limetten-Milchschaum

Für 2 Gläser:
1 Bio-Limette
150 ml Milch
1 Apfel
2 Blutorangen
evtl. brauner Zucker

1. Die Limette waschen, trocken reiben und 1 bis 2 TL Schale fein abreiben. Die Limettenschale zur Milch geben.
2. Den Apfel waschen, vierteln und das Kerngehäuse entfernen. Die Orangen wie einen Apfel schälen, dabei die weiße Schale nicht komplett abschneiden. Das Orangenfruchtfleisch grob schneiden.
3. Apfel und Orange im Mixer fein pürieren, mit Wasser oder Eiswürfeln nach Wunsch verdünnen und eventuell mit etwas braunem Zucker süßen. Den Fruchtdrink in zwei Gläser füllen.
4. Die Milch durch ein Sieb gießen und aufschäumen. Den Milchschaum mit einem Löffel auf den Apfel-Orangen-Drink häufen.

Pro Portion:
4 g E, 3 g F, 29 g KH = 167 kcal

Tipp: Sie können den Milchschaum auch mit Orangenschale und einem Hauch Nelkenpulver oder Muskatnuss aromatisieren.

Warme Drinks für kalte Tage

② Heiße KiBa-Milch

Schmeckt fruchtig-mild und wärmt schön durch.

① Granatapfel-Clementine mit Milchschaum

Krönen Sie das Milchschaumhäubchen mit einem Hauch gemahlenem Kardamom.

③ Tomaten-Mango-Süppchen

Chilischarf und mangosüß – eine besonders reizvolle Kombination.

④ Pflaumenpunsch mit Birne

Schon bei der Zubereitung duftet es wie auf dem Weihnachtsmarkt.

Warme Drinks für kalte Tage

Nach einem Spaziergang in klarer Winterluft ist die Lust groß, sich von innen wieder aufzuwärmen. Wie wäre es dann mit einem heißen Smoothie? Die vitamin- und mineralstoffhaltigen Drinks sind nicht nur flüssige Snacks, die schön durchwärmen. Sie ergänzen gleichzeitig eine gesunde Ernährung, mit der die körpereigene Abwehr in der nasskalten Jahreszeit gestärkt wird.

So schonen Sie hitzeempfindliche Vitalstoffe bei der Zubereitung: Zuerst den Smoothie pürieren und abschmecken, dann kurz erhitzen und möglichst sofort servieren.

Probieren lohnt sich: Genießen Sie anregende Frucht-Smoothies und Milchmixgetränke, süß-scharfe Süppchen und Punsch. Veredeln Sie die heißen Drinks zur Abwechslung mit immer anderen Gewürzen. Vor allem scharfe Sorten wie Chili und Ingwer fördern die Durchblutung und wärmen. Außerdem verbreiten Kardamom, Zimt, Vanille, Nelken und Piment schon bei der Zubereitung der heißen Getränke feine Düfte und steigern die Vorfreude.

Granatapfel-Clementine mit Milchschaum

Für 2 Gläser:
3 Clementinen
200 ml Granatapfelsaft (100 % Frucht)
1 Msp. gemahlener Kardamom
evtl. Honig
150 ml Milch

1. Die Clementinen schälen und mit dem Granatapfelsaft und gemahlenem Kardamom im Mixer fein zerkleinern. Eventuell mit etwas Wasser verdünnen und mit Honig leicht süßen. Den Drink in einem kleinen Topf erhitzen und in zwei Gläser füllen.
2. Die Milch aufschäumen und den Schaum mit einem Löffel auf den heißen Smoothie geben. Mit etwas gemahlenem Kardamom bestreuen.

Pro Portion:
3 g E, 2 g F, 25 g KH = 140 kcal

Tipp: In manchen Rezepten für heiße Suppen oder Getränke wird dazu geraten, die Zutaten im Hochleistungsmixer 2 Minuten oder länger zu pürieren – durch die hohe Drehzahl und die damit verbundene Reibungswärme sind die Getränke nach dieser Zeit heiß.

② Heiße KiBa-Milch

Für 2 Gläser:
2 Bananen
250 ml Kirschsaft
 (100 % Frucht)
200 ml Milch
1 TL Zimtpulver
2 TL Erdmandelflocken
evtl. Zucker

1. Die Bananen schälen und in Stückchen teilen. Banane mit Kirschsaft, Milch, Zimt und Erdmandelflocken im Mixer fein pürieren.
2. Die KiBa-Milch in einem Topf bis kurz unter den Siedepunkt erhitzen, eventuell mit wenig Zucker abschmecken und in Gläser füllen.

Pro Portion:
5 g E, 4 g F, 41 g KH = 228 kcal

Tipp: Für einen exotischen Geschmack den Drink mit einem Hauch Nelke und Koriander abschmecken.

❸ Tomaten-Mango-Süppchen

Für 2 Gläser:
1 kleine Mango
½ Chilischote
6 Stiele Basilikum
1 kleine Dose geschälte
 Tomaten (400 g)
Salz
1 TL Kürbiskernöl

1. Die Mango schälen und das Fruchtfleisch vom Stein schneiden. Die Chilischote und das Basilikum waschen und die Basilikumblättchen vom Stiel zupfen.
2. Mango, Chili, Basilikum und Tomaten im Mixer zerkleinern, mit Wasser soweit gewünscht verdünnen. Im Topf erhitzen, aber nicht kochen lassen, mit etwas Salz abschmecken. In zwei Becher geben und mit je einem halben Teelöffel Kürbiskernöl beträufeln.

Pro Portion:
2 g E, 2 g F, 16 g KH = 100 kcal

Tipp: Im Sommer mit frischen Tomaten und Aprikosen zubereiten und eiskalt servieren.

❹ Pflaumenpunsch mit Birne

Für 2 Gläser:
1 kleines Stück Ingwer
1 Beutel Glühweingewürz
2 Birnen
½ Vanilleschote
250 ml Pflaumensaft
 (100 % Frucht)
evtl. Ahornsirup

1. Den Ingwer schälen und fein hacken. 200 ml Wasser mit Ingwer und Glühweingewürz in einem Topf aufkochen und 5 Minuten ziehen lassen.
2. Die Birnen waschen, vierteln und das Kerngehäuse herausschneiden.
3. Den Beutel mit dem Glühweingewürz entfernen. Ingwerwasser mit Birnen, Vanilleschote und Pflaumensaft im Mixer fein pürieren.
4. Den Punsch eventuell mit Ahornsirup abschmecken und im Topf bis kurz unter den Siedepunkt erhitzen.

Pro Portion:
1 g E, 0 g F, 30 g KH = 130 kcal

Tipp: Häufig bekommt man nur gesüßten Pflaumennektar mit einem Fruchtgehalt von lediglich 50 Prozent zu kaufen. Hersteller 100-prozentiger Säfte verschicken auf Anfrage gerne Bezugsquellen für ihre Produkte.

Rosarote Pitahaya

Für 2 Gläser:
1 Pitahaya
1 gelbe Kiwi
50 g TK-Erdbeeren
1 EL Mandeln
evtl. Zucker

1. Die Pitahaya halbieren und das Fruchtfleisch mit einem Löffel herausheben. Die Kiwi waschen und halbieren.
2. Pitahaya, Kiwi, Erdbeeren und Mandeln im Mixer fein zerkleinern. Mit Wasser oder Eiswürfeln soweit gewünscht verdünnen und eventuell mit wenig Zucker süßen.

Pro Portion:
3 g E, 5 g F, 13 g KH = 120 kcal

Tipp: Als Dessert das Fruchtmus nur leicht verdünnen und mit einer Kugel Eis – zum Beispiel Walnuss- oder Schokoladeneis – servieren. Für einen ganz besonderen Genuss noch mit karamellisierten Kürbiskernen bestreuen.

① Rote-Bete-Powerdrink

Für 2 Gläser:
2 Clementinen
1 Rote Bete (ca. 125 g, vakuumverpackt)
2 Soft-Feigen
200 ml Kirschsaft (100 % Frucht)
evtl. Ahornsirup

1. Die Clementinen schälen und grob zerteilen. Die Rote Bete grob würfeln (dazu am besten Einmalhandschuhe anziehen) und zusammen mit den Clementinen, den Soft-Feigen und dem Kirschsaft im Mixer fein pürieren.
2. Den Drink eventuell mit Wasser oder Eiswürfeln verdünnen und nach Geschmack mit etwas Ahornsirup süßen.

Pro Portion:
2 g E, 1 g F, 28 g KH = 140 kcal

Tipp: Wer es herzhaft mag, gibt für eine feine Schärfe noch einen halben Teelöffel Meerrettich dazu.

② Roter Orangen-Ingwer-Drink

Für 2 Gläser:
1 Blutorange
1 Birne
1 Rote Bete (ca. 125 g, vakuumverpackt)
1 Scheibe Ingwer
2 Msp. gemahlene Nelke
evtl. Zucker

1. Blutorange schälen und grob schneiden. Die Birne waschen, vierteln und das Kerngehäuse entfernen. Rote Bete grob würfeln. Den Ingwer schälen.
2. Früchte, Rote Bete und Ingwer im Mixer fein pürieren. Mit Wasser oder Eiswürfeln nach Geschmack verdünnen und mit dem Nelkenpulver würzen. Nach Geschmack eventuell mit Zucker süßen.

Pro Portion:
2 g E, 0 g F, 20 g KH = 94 kcal

Tipp: Blutorangen sind nur von Dezember bis April erhältlich. Wenn Sie diesen Drink außerhalb der kurzen Saison genießen möchten, verwenden Sie Direktsaft aus dem Kühlregal in der Gemüseabteilung oder einfach »blonde« Orangen.

① Kirsch-Minz-Kakao

Für 2 Gläser:
3 Stiele Minze
300 ml Milch
200 g Kirschen (tiefgefroren)
¼ Vanilleschote
2 TL Kakaopulver
evtl. Zucker
1 TL Schokoraspeln

1. Die Minze waschen und die Blättchen von den Stielen zupfen.
2. 200 ml Milch, tiefgefrorene Kirschen, Minze, Vanilleschote und Kakao in den Mixer geben und fein pürieren. Mit Wasser oder Eiswürfeln nach Geschmack verdünnen und eventuell mit etwas Zucker abschmecken.
3. Die restliche Milch aufschäumen und als Häubchen auf den Drink setzen. Mit Schokostreuseln bestreut servieren.

Pro Portion:
6 g E, 4 g F, 19 g KH = 144 kcal

Tipp: Supermärkte bieten das ganze Jahr über frische Kräuter in großer Vielfalt an. Besonders praktisch sind kleine »Sträußchen« in wiederverschließbaren Verpackungen – so kommt auch im Winter Abwechslung in den Smoothie-Mixer.

② Cranberry-Smoothie Cosmopolitan

Für 2 Gläser:
1 Orange
1 Limette
50 g getrocknete Cranberrys
evtl. Zucker

1. Orange und Limette wie einen Apfel schälen und das Fruchtfleisch grob schneiden.
2. Die vorbereiteten Früchte mit den Cranberrys im Mixer fein pürieren und mit Wasser oder Eiswürfeln nach Wunsch verdünnen. Wer mag, süßt mit etwas Zucker.

Pro Portion:
1 g E, 1 g F, 25 g KH = 123 kcal

Tipp: Für einen alkoholfreien Cocktail den Drink nur mit Eiswürfeln verdünnen und in Martinischalen füllen. Eventuell mit Limettenschale und Crushed Ice servieren. Die angegebene Menge reicht für etwa 6 Portionen.

① Choko-Coco-Drink mit Milchschaum

Für 2 Gläser:
2 Bananen
200 ml Kokosnusswasser
200 ml Milch
2 TL Kakaopulver
evtl. Honig
einige rosa Pfefferbeeren

1. Die Bananen schälen und mit Kokoswasser, der Hälfte der Milch und Kakaopulver im Mixer pürieren. Eventuell mit etwas Wasser oder Eiswürfeln verdünnen und mit Honig nach Geschmack süßen.
2. Die restliche Milch aufschäumen und als Haube auf den Drink setzen. Die Pfefferbeeren zwischen den Fingern zerreiben und auf den Drink streuen.

Pro Portion:
5 g E, 3 g F, 26 g KH = 158 kcal

Tipp: Für Kinder statt der Pfefferbeeren etwas Zimt oder ein paar Kokosraspeln auf den Milchschaum streuen.

② Würziger Orangen-Avocado-Drink

Für 2 Gläser:
2 Orangen
½ Avocado
1 Scheibe Ingwer
200 ml Fencheltee (abgekühlt)
¼ Vanilleschote
2 Msp. gemahlener Macis
evtl. Agavendicksaft

1. Die Orangen wie einen Apfel schälen und grob schneiden.
2. Das Fruchtfleisch der Avocado mit einem Löffel aus der Schale heben. Ingwer schälen.
3. Orangen, Avocado, Ingwer, Fencheltee und Vanilleschote im Mixer sehr fein zerkleinern. Nach Wunsch mit Wasser oder Eiswürfeln verdünnen und mit Macis abschmecken. Wer mag, süßt mit etwas Agavendicksaft.

Pro Portion:
2 g E, 5 g F, 14 g KH = 113 kcal

Tipp: Für eine scharfe Version ersetzen Sie Vanilleschote und Macis durch ½ TL Wasabipaste.

① Bittersüße Erdbeere

Für 2 Gläser:
1 Grapefruit
1 Birne
¼ Vanilleschote
100 g Erdbeeren (tiefgefroren)
200 ml Früchtetee (abgekühlt)
evtl. Ahornsirup

1. Die Grapefruit wie einen Apfel schälen, das Fruchtfleisch grob schneiden. Die Birne waschen, vierteln und das Kerngehäuse herausschneiden.
2. Grapefruit, Birne, Vanilleschote, tiefgefrorene Erdbeeren und Früchtetee im Mixer sehr fein pürieren. Den Drink eventuell mit Wasser oder Eiswürfeln weiter verdünnen und nach Wunsch mit Ahornsirup süßen.

Pro Portion:
2 g E, 1 g F, 20 g KH = 104 kcal

Tipp: Wer beherzt würzen möchte, gibt noch 3 bis 4 grüne Pfefferkörner in den Mixer.

② Sangria-Smoothie

Für 2 Gläser:
1 Orange
1 Mandarine
1 Zitrone
200 ml roter Traubensaft (100 % Frucht)
 (oder blaue Weintrauben ohne Kerne)
2 Msp. Zimt
evtl. brauner Zucker

1. Die Zitrusfrüchte wie Äpfel schälen. Die Früchte grob schneiden.
2. Zitrusfrüchte mit Traubensaft oder den gewaschenen Weintrauben und dem Zimt im Mixer fein pürieren. Nach Wunsch mit Wasser oder Eiswürfeln weiter verdünnen und eventuell mit etwas braunem Zucker süßen.

Pro Portion:
2 g E, 0 g F, 26 g KH = 128 kcal

Tipp: Zur Abwechslung können Sie den Drink zusätzlich mit etwas Minze oder einem kleinen Stück Ingwer aromatisieren.

① Statt Kuchen

Für 2 Gläser:
60 g getrocknete Soft-Aprikosen
400 ml Haselnussdrink
    (ersatzweise Mandeldrink)
2 TL gemahlener Mohn
¼ TL Lebkuchengewürz
evtl. Honig
2–3 Amarettini (kleine Mandelmakronen)

1. Die Aprikosen mit dem Nussdrink, Mohn und Lebkuchengewürz im Mixer pürieren. Eventuell mit etwas Wasser oder einigen Eiswürfeln verdünnen und nach Geschmack süßen.
2. Den Drink in zwei Gläser füllen und mit den zerkrümelten Amarettini bestreuen.

Pro Portion:
3 g E, 5 g F, 21 g KH = 148 kcal

Tipp: Die meisten Sorten Haselnuss- oder Mandeldrink sind bereits leicht gesüßt. Probieren Sie also lieber, bevor Sie nachsüßen.

② Eiskalter Karob-Drink

Für 2 Gläser:
1 große Banane
4–5 Paranusskerne
2 EL Karobpulver
2 Msp. Chai-Gewürz
evtl. Honig

1. Die Banane schälen, in Stücke schneiden und für 3 bis 4 Stunden einfrieren.
2. 150 ml kaltes Wasser mit Paranüssen und Karobpulver im Mixer fein pürieren. Die gefrorenen Bananenstückchen nach und nach zugeben und pürieren.
3. Eventuell mit weiterem Wasser oder Eisstückchen verdünnen und mit Chai-Gewürz abschmecken. Wer mag, süßt mit etwas Honig.

Pro Portion:
3 g E, 7 g F, 24 g KH = 176 kcal

Tipp: Chai-Gewürz enthält meist Ingwer, Zimt, Nelken und Kardamom. Sie können den Drink natürlich auch mit diesen Einzelgewürzen abschmecken.

① Exoten-Trinkmüsli

Für 2 Gläser:
2 Maracujas
100 g Kapstachelbeeren
150 ml Kokoswasser
1 EL Cashewkerne (ungesalzen)
2 EL Haferflocken
evtl. brauner Zucker

1. Die Maracujas halbieren und das Fruchtfleisch aus den Schalen heben. Die Kapstachelbeeren aus den papierartigen Hüllen drehen und waschen.
2. Maracujafruchtfleisch, Kapstachelbeeren, Kokoswasser, Cashewkerne und Haferflocken im Mixer fein pürieren.
3. Mit Wasser oder Eiswürfeln verdünnen und eventuell mit braunem Zucker leicht süßen.

Pro Portion:
5 g E, 5 g F, 18 g KH = 144 kcal

Tipp: Kapstachelbeeren oder Physalis werden häufig in kleinen Körbchen abgepackt angeboten. Auch wenn man die eigentlichen Früchte nicht sehen kann: Ein kritischer Blick lohnt. Die lampionähnlichen Fruchthüllen sollten hellbraun und trocken sein.

② Heidelbeer-Orangen-Smoothie

Für 2 Gläser:
2 Orangen
200 ml Heidelbeersaft (100 % Frucht)
150 ml Buttermilch
1 EL Mandeln
evtl. Honig

1. Die Orangen wie einen Apfel schälen, das Fruchtfleisch grob schneiden.
2. Orangen mit Heidelbeersaft, Buttermilch und Mandeln im Mixer fein pürieren. Mit Wasser oder Eiswürfeln bis zur gewünschten Cremigkeit verdünnen, eventuell mit Honig süßen und noch einmal kurz aufmixen.

Pro Portion:
6 g E, 5 g F, 23 g KH = 174 kcal

Tipp: Als Dessert den Smoothie zusammen mit je einer Kugel Vanille- oder Walnusseis in weite Gläser geben. Eventuell einen Klecks geschlagene Sahne und einige geröstete Mandelblättchen daraufgeben und mit langen Halm-Löffeln servieren.

① Fruchtiger Sprossen-Drink

Für 2 Gläser:
1 Banane
2 gelbe Kiwis
½ Zitrone
50 ml Kokosmilch
1 Handvoll Sprossen (z. B. Alfalfa)
evtl. Agavendicksaft

1. Die Banane schälen und grob zerteilen. Die Kiwis halbieren und das Fruchtfleisch aus der Schale löffeln. Die Zitrone wie einen Apfel schälen.
2. Banane, Kiwis, Zitrone, Kokosmilch und Sprossen im Mixer sehr fein pürieren. Mit Wasser oder Eiswürfeln verdünnen und eventuell nach Geschmack mit etwas Agavendicksaft süßen.

Pro Portion:
3 g E, 5 g F, 22 g KH = 158 kcal

Tipp: Sprossen gelten als besonders vitaminreich und lassen sich das ganze Jahr über »anbauen« – auch auf Ihrer Fensterbank.

② Erdbeer-Maracuja-Kokos-Drink

Für 2 Gläser:
2 Maracujas
1 EL Quark
200 ml Kokoswasser
150 g TK-Erdbeeren
evtl. Honig

1. Die Maracujas halbieren und das Fruchtfleisch mit den Kernen herauslösen.
2. Maracujas, Quark und Kokoswasser im Mixer fein pürieren, die tiefgefrorenen Erdbeeren zufügen und cremig mixen.
3. Soweit gewünscht mit Wasser oder Eiswürfeln verdünnen und eventuell mit etwas Honig abschmecken.

Pro Portion:
4 g E, 1 g F, 9 g KH = 68 kcal

Tipp: Viel Fruchtfleisch ist in den kleinen Maracujafrüchten nicht, aber die Verwendung lohnt trotzdem: Das exotische Aroma der Passionsfrüchte ist auf der einen Seite sehr intensiv, unterstreicht aber auch den Geschmack anderer Früchte.

① Mango-Kirsch-Drink

Für 2 Gläser:
1 Mango (etwa 400 g)
1 Clementine
200 ml Kirschsaft (100 % Frucht)
½–1 TL Zimt
evtl. Honig

1. Die Mango schälen und das Fruchtfleisch vom Stein schneiden. Die Clementine schälen und grob schneiden.
2. Mango, Clementine, Kirschsaft und Zimt im Mixer fein pürieren, mit Wasser nach Belieben verdünnen. Eventuell mit etwas Honig abschmecken.

Pro Portion:
1 g E, 1 g F, 32 g KH = 154 kcal

Tipp: Der Drink gelingt auch mit Johannisbeer- oder Traubensaft. Wer noch mehr exotische Aromen im Smoothie mag, würzt zusätzlich mit ganz wenig Safran und Rosenblütenwasser.

② Feigen-Orangen-Milch

Für 2 Gläser:
1 Bio-Orange
300 ml Milch
4 Soft-Feigen
evtl. Honig
je 1–2 Msp. gemahlener Zimt,
    Kardamom und Nelken

1. Die Orange waschen, trocken reiben und 2 TL Schale abreiben. Dann die Orange wie einen Apfel schälen und das Fruchtfleisch grob würfeln.
2. Milch, Feigen, Orangenfruchtfleisch und -schale im Mixer fein pürieren, eventuell mit Wasser oder Eiswürfeln verdünnen und nach Wunsch mit etwas Honig süßen. Mit den Gewürzen abschmecken und in zwei Gläser füllen.

Pro Portion:
6 g E, 3 g F, 21 g KH = 140 kcal

Tipp: Getrocknete »Soft«-Früchte sind weicher als herkömmliche Trockenfrüchte. Sie können daher ohne Einweichen im Mixer zu cremigen Smoothies verarbeitet werden.

Preiselbeer-Sprossen-Smoothie mit Tonka-Milchschaum

Für 2 Gläser:
2 Handvoll Mungosprossenkeime
100 g Preiselbeeren
   (Konserve, möglichst ungesüßt)
2 EL Ziegenfrischkäse
evtl. Ahornsirup
100 ml Milch
2 Msp. geriebene Tonkabohne

1. Die Mungosprossen waschen und mit den Preiselbeeren, dem Frischkäse und 100 ml Wasser im Mixer fein pürieren. Mit weiterem Wasser oder Eiswürfeln soweit gewünscht verdünnen. Eventuell mit etwas Ahornsirup süßen.
2. Den Drink in zwei Gläser füllen. Milch mit geriebener Tonkabohne kalt aufschäumen und mit einem Löffel auf den Smoothie geben.

Pro Portion:
5 g E, 4 g F, 26 g KH = 165 kcal

Tipp: Wer keine ungesüßten Preiselbeeren-Konserven findet, kann stattdessen auch 50 g getrocknete Früchte und 50 ml Wasser verwenden. Der Drink schmeckt auch mit tiefgekühlten Blaubeeren.

Grüne Ananas

Für 2 Gläser:
½ kleine Ananas (etwa 300 g Fruchtfleisch)
2 Orangen
100 g TK-Spinat
   (portionierbare Würfel oder Flocken)
evtl. Ahornsirup
1–2 Msp. Muskatnuss

1. Ananas und Orangen schälen und grob Würfeln.
2. Das Obst und den Spinat im Mixer fein pürieren. Mit Wasser oder Eiswürfeln nach Wunsch verdünnen und eventuell mit etwas Ahornsirup süßen.
3. In Gläser füllen und mit Muskatnuss bestäuben.

Pro Portion:
3 g E, 1 g F, 30 g KH = 156 kcal

Tipp: Wer eine Bio-Orange verwendet, reibt für noch mehr Orangengeschmack 1 bis 2 Teelöffel Schale ab und mixt sie mit den anderen Zutaten.

 ## Papaya-Smoothie

Für 2 Gläser:
½ Papaya
1 Limette
100 g Naturjoghurt
100 ml Multivitaminsaft (100 % Frucht)
evtl. brauner Zucker

1. Die Kerne mit einem Löffel aus der Papaya heben und das Fruchtfleisch aus der Schale lösen. Die Limette wie einen Apfel schälen.
2. Papaya und Limette mit dem Joghurt und dem Saft im Mixer pürieren. Mit Wasser oder Eiswürfeln verdünnen und eventuell mit braunem Zucker süßen.

Pro Portion:
2 g E, 2 g F, 13 g KH = 90 kcal

Tipp: Für ein schnelles und vitaminreiches Frühstück mixen Sie 2 bis 3 Esslöffel zarte Haferflocken unter den Drink.

① Himbeer-Papaya-Drink

Für 2 Gläser:
½ kleine Papaya (200 g)
1 kleiner Apfel
1 Limette
100 g TK-Himbeeren
evtl. brauner Zucker

1. Die Kerne mit einem Löffel aus der Papaya heben, dabei einen Esslöffel Kerne beiseitelegen. Das Fruchtfleisch aus der Schale lösen. Den Apfel waschen, vierteln und das Kerngehäuse entfernen.
2. Die Limette waschen, trocken reiben und zwei Teelöffel Schale fein abreiben. Die Limette wie einen Apfel schälen und das Fruchtfleisch grob zerkleinern.
3. Papaya, Apfel, Limette, Limettenschale und tiefgefrorene Himbeeren im Mixer fein zerkleinern und mit Wasser oder Eiswürfeln nach Wunsch verdünnen. Eventuell mit braunem Zucker süßen.

Pro Portion:
1 g E, 1 g F, 18 g KH = 92 kcal

Tipp: Papayakerne schmecken leicht pfeffrig. Wer mag, zerkleinert die beiseitegelegten Kerne in einem Mörser und würzt den Drink damit.

② Litschi mit Sprossen

Für 2 Gläser:
250 g Litschis
2 Clementinen
1 Handvoll Mungobohnensprossen (60 g)
evtl. Birnendicksaft

1. Die Litschis schälen und den Kern aus dem Fruchtfleisch lösen. Die Clementinen schälen.
2. Die Mungobohnensprossen waschen und tropfnass mit Litschis und Clementinen in den Mixer geben. Sehr fein pürieren und mit Wasser oder Eiswürfeln verdünnen. Nach Geschmack mit Birnendicksaft abschmecken.

Pro Portion:
2 g E, 0 g F, 19 g KH = 98 kcal

Tipp: Milde Sprossen eignen sich hervorragend für fruchtige Smoothies, denn ihr Eigengeschmack ist eher dezent. Geeignet sind Mungo-, Alfalfa- oder Linsensprossen.

REGISTER

A

Ananas
- Ananas-Himbeer-Smoothie **31**
- Grüne Ananas **168**
- Papaya-Ananas-Drink **140**

Apfel/-saft
- Apfel-Basilikum-Drink **43**
- Apfel-Berberitzen-Smoothie **139**
- Apfel-Orangen-Drink mit Limetten-Milchschaum **143**
- Apfel-Schmand-»Kuchen« im Glas **102**
- Brombeer-Apfel-Drink **105**
- Cremiger Apfel-Maronen-Drink **133**
- Fruchtiger Vanille-Fenchel **136**
- Frühlingsbote **51**
- Grüner Paradiesfrüchte-Smoothie **32**
- Kohlrabi-Apfel-Schmeichler **125**
- Roter Apfel-Möhren-Drink **47**

Aprikose
- Abendrot **92**
- Aprikosen-Himbeer-Shake **58**
- Aprikosen-Nuss-Smoothie **80**
- Himbeer-Sunrise **136**
- Scharfer Melonen-Aprikosen-Drink **91**
- Statt Kuchen **159**

Avocado
- Avocado-Kräuter-Süppchen **20**
- Grüne Buttermilch **117**
- Grüner Grapefruit-Smoothie **40**
- Mexikanischer Tomatendrink **101**
- Paprika-Avocado-Drink **126**
- Pfirsich-Drink mit Radieschenblättern **71**
- Würziger Orangen-Avocado-Drink **155**

B

Banane
- Bananen-Sanddorn-Kefir **48**
- BBB-Milch **113**
- Choko-Coco-Drink mit Milchschaum **155**
- Eiskalter Karob-Drink **159**
- Haselnusskakao mit Banane und Ingwer **24**
- Heiße KiBa-Milch **147**
- Karob-Mandel-Drink **47**
- PB & J-Frühstücksdrink **23**
- Salat-Kaki-Bananen-Smoothie **113**
- Sanfter Tropentraum **32**
- Tropicana-Cocktail **140**
- Wachmacher **36**

Basilikum
- Apfel-Basilikum-Drink **43**
- Trauben-Basilikum-Smoothie mit Seidentofu **106**

Berberitzen
- Apfel-Berberitzen-Smoothie **139**
- Berberitzen-Birnen-Smoothie **139**

Birne
- Berberitzen-Birnen-Smoothie **139**
- Birnen-Gurken-Smoothie **129**
- Birnen-Maronen-Smoothie **117**
- Birnen-Romano-Smoothie **118**
- Birnen-Sanddorn-Smoothie **30**
- Birnen-Smoothie mit Mohn **105**
- Fruchtiger Vanille-Fenchel **136**
- Guten-Morgen-Birnenmilch **35**
- Oktober-Smoothie **121**
- Pflaumen-Birnen-Drink **118**
- Pflaumenpunsch mit Birne **147**

Blutorange
- Apfel-Orangen-Drink mit Limetten-Milchschaum **143**
- Roter Orangen-Ingwer-Drink **151**

Brombeeren
- Brombeer-Apfel-Drink **105**
- Deep-Purple-Smoothie **126**
- Oktober-Smoothie **121**

Buttermilch
- Grüne Buttermilch **117**
- Heidelbeer-Orangen-Smoothie **160**
- Himbeer-Sunrise **136**
- Mango-Erdbeer-Buttermilch **39**
- Pfirsich-Stachelbeer-Snack **75**
- Saure Gurke **27**
- Wachmacher **36**

C

Cashewkerne
- Exoten-Trinkmüsli **160**
- Gänseblümchen-Stachelbeere **65**
- Pfirsich-Stachelbeer-Snack **75**
- Rote-Bete-Cashew-Drink **39**

Clementinen
- Granatapfel-Clementine mit Milchschaum **146**
- Green Clementine **36**
- Grüner Grapefruit-Smoothie **40**
- Wachmacher **36**

Cranberrys
- Cranberry-Kokos-Smoothie **102**
- Cranberry-Smoothie Cosmopolitan **152**

D, E

Datteln
- Dattel-Müsli-Drink **40**
- Kohlrabi-Trauben-Smoothie **106**

Erdbeeren
- Bittersüße Erdbeere **156**
- Erdbeer-Holunder-Smoothie **67**
- Erdbeer-Joghurt-Drink mit Schokostreuseln **84**
- Erdbeer-Maracuja-Kokos-Drink **163**
- Erdbeer-Minz-Erfrischer **48**
- Erdbeer-Nektarinen-Colada **67**
- Frühlingsbote **51**
- Mango-Erdbeer-Buttermilch **39**
- Rosarote Pitahaya **148**
- Summerberry **61**
- Wilde Nektarine **65**

F, G

Feigen
- Feigen-Orangen-Milch **164**
- Grüner Paradiesfrüchte-Smoothie **32**
- Spinat-Feige **113**
- Süßes Sellerie-Rosinchen **112**
- Tropicana-Cocktail **140**

Granatapfel/-saft
- Grüner Paradiesfrüchte-Smoothie **32**
- Granatapfel-Clementine mit Milchschaum **146**
- Roter Apfel-Möhren-Drink **47**
- Tropicana-Cocktail **140**

Grapefruit
- Bittersüße Erdbeere **156**
- Grüner Grapefruit-Smoothie **40**
- Kiwi-Grapefruit-Smoothie **19**
- Wachmacher **36**

H

Heidelbeeren (Blaubeeren)
- BBB-Milch **113**
- Blaubeer-Tofu-Lassi **72**
- Blueberry-Poppy **24**
- Deep-Purple-Smoothie **126**
- Drachen-Erfrischer **52**
- Heidelbeer-Orangen-Smoothie **160**
- Oktober-Smoothie **121**

Himbeeren
- Ananas-Himbeer-Smoothie **31**
- Aprikosen-Himbeer-Shake **58**
- Beeren-Minz-Mix **51**
- Himbeer-Kirsch-Kefir **68**
- Himbeer-Papaya-Drink **171**
- Himbeer-Sunrise **136**
- Oktober-Smoothie **121**
- Sanddorn-Himbeer-Drink **44**
- Summerberry **61**
- Würziger Pfirsich-Melba-Smoothie **80**

Holunder
- Erdbeer-Holunder-Smoothie **67**
- Holunderdrink mit Kopfsalat **114**
- Hugo-Smoothie **57**

I, J

Ingwer/-pulver
- Haselnusskakao mit Banane und Ingwer **24**
- Roter Orangen-Ingwer-Drink **151**

Joghurt
- Aprikosen-Himbeer-Shake **58**
- Avocado-Kräuter-Süppchen **20**
- Birnen-Romano-Smoothie **118**
- Blueberry-Poppy **24**
- Erdbeer-Joghurt-Drink mit Schokostreuseln **84**
- Gurken-Tomaten-Lassi **76**
- PB & J-Frühstücksdrink **23**
- Pfirsich-Lassi mit Minze **88**
- Roter Apfel-Möhren-Drink **47**
- Sanfter Mango-Engel **19**
- Staudensellerie-Joghurt-Drink **125**

Johannisbeeren/-saft
- Beeren-Minz-Mix **51**
- Cassis-Rosmarin-Smoothie **83**
- Mango-Kirsch-Drink **164**
- Molke in Pink **88**
- Summerberry **61**
- Tiefroter Sommersmoothie **58**

K

Kakaopulver
- Birnen-Maronen-Smoothie **117**
- Choko-Coco-Drink mit Milchschaum **155**
- Haselnusskakao mit Banane und Ingwer **24**
- Kirsch-Minz-Kakao **152**

Kaki
- Kaki-Goji-Smoothie **52**
- Salat-Kaki-Bananen-Smoothie **113**

Kefir
- Bananen-Sanddorn-Kefir **48**
- Cremiger Apfel-Maronen-Drink **133**
- Gurken-Tomaten-Lassi **76**
- Himbeer-Kirsch-Kefir **68**
- Papaya-Tomaten-Smoothie **130**

Kirschen/-saft
- Abendrot **92**
- Creme-Berry **31**
- Heiße KiBa-Milch **147**
- Himbeer-Kirsch-Kefir **68**
- Kirsch-Kokosnuss-Cooler **87**
- Kirschkuchendrink mit Mohn **75**
- Kirsch-Minz-Kakao **152**
- Kirsch-Minz-Slush **57**
- Mango-Kirsch-Drink **164**
- Peacherry-Smoothie **84**
- Tiefroter Sommersmoothie **58**

Kiwi
- Apfel-Basilikum-Drink **43**

- Drachen-Erfrischer **52**
- Fruchtiger Sprossen-Drink **163**
- Kiwi-Grapefruit-Smoothie **19**
- Oktober-Smoothie **121**
- Pflaumen-Kiwi-Smoothie **109**
- Pflaumen-Tamarinden-Shake **27**
- Rosarote Pitahaya **148**
- Sanddorn-Himbeer-Drink **44**
- Smoothie grün + grün **20**

Kohlrabi /-blätter
- Kohlrabi-Apfel-Schmeichler **125**
- Kohlrabi-Trauben-Smoothie **106**

Kokos
- Choko-Coco-Drink mit Milchschaum **155**
- Cranberry-Kokos-Smoothie **102**
- Erdbeer-Maracuja-Kokos-Drink **163**
- Erdbeer-Nektarinen-Colada **67**
- Exoten-Trinkmüsli **160**
- Kirsch-Kokosnuss-Cooler **87**
- Kokos-Melonen-Smoothie **72**
- Sanfter Tropentraum **32**
- Tropicana-Cocktail **140**

L, M

Litschi
- Drachen-Erfrischer **52**
- Litschi mit Sprossen **171**

Mango
- Mango-Erdbeer-Buttermilch **39**
- Mango-Kirsch-Drink **164**
- Sanfter Mango-Engel **19**
- Tomaten-Mango-Süppchen **147**

Maracuja
- Erdbeer-Maracuja-Kokos-Drink **163**
- Exoten-Trinkmüsli **160**
- Green Clementine **36**
- Sanfter Tropentraum **32**

Maronen
- Birnen-Maronen-Smoothie **117**
- Cremiger Apfel-Maronen-Drink **133**

Melone
- Agua fresca mit Pfirsich **79**
- Giersch-Melone **64**
- Grüne Buttermilch **117**
- Kokos-Melonen-Smoothie **72**
- Spinat-Melonen-Erfrischer **76**

Milch
- BBB-Milch **113**
- Feigen-Orangen-Milch **164**
- Guten-Morgen-Birnenmilch **35**
- Haselnusskakao mit Banane und Ingwer **24**
- Heiße KiBa-Milch **147**
- Karob-Mandel-Drink **47**
- Kirsch-Minz-Kakao **152**
- Oktober-Smoothie **121**
- Walnuss-Sanddorn-Milch **44**

Minze
- Beeren-Minz-Mix **51**
- Erdbeer-Minz-Erfrischer **48**
- Erdbeer-Nektarinen-Colada **67**
- Hugo-Smoothie **57**
- Kirsch-Minz-Kakao **152**
- Kirsch-Minz-Slush **57**
- Pfirsich-Lassi mit Minze **88**
- Sangria-Smoothie **156**

Möhren /-saft
- Bananen-Sanddorn-Kefir **48**
- Giersch-Melone **64**
- Stachelbeerdrink mit Möhrengrün **83**
- Roter Apfel-Möhren-Drink **47**
- Walnuss-Sanddorn-Milch **44**

N

Nektarine
- Erdbeer-Nektarinen-Colada **67**
- Wilde Nektarine **65**

Nüsse
- Apfel-Schmand-»Kuchen« im Glas **102**
- Aprikosen-Nuss-Smoothie **80**
- Haselnusskakao mit Banane und Ingwer **24**
- PB & J-Frühstücksdrink **23**
- Pfirsich-Stachelbeer-Snack **75**
- Walnuss-Sanddorn-Milch **44**
- Würziger Pfirsich-Melba-Smoothie **80**

O, P

Orangen /-saft
- Feigen-Orangen-Milch **164**
- Heidelbeer-Orangen-Smoothie **160**
- Himbeer-Sunrise **136**
- Orangen-Preiselbeer-Smoothie **133**
- Roter Orangen-Ingwer-Drink **151**
- Sangria-Smoothie **156**
- Würziger Orangen-Avocado-Drink **155**

Papaya
- Himbeer-Papaya-Drink **171**
- Papaya-Ananas-Drink **140**
- Papaya-Smoothie **168**
- Papaya-Tomaten-Smoothie **130**

Paprika
- Paprika-Avocado-Drink **126**

Pfirsich
- Agua fresca mit Pfirsich **79**
- Peacherry-Smoothie **84**
- Pfirsich-Drink mit Radieschenblättern **71**
- Pfirsich-Lassi mit Minze **88**
- Pfirsich-Stachelbeer-Snack **75**
- Scharfer Melonen-Aprikosen-Drink **91**
- Würziger Pfirsich-Melba-Smoothie **80**

Pflaumen /-saft
- Molke in Pink 88
- Pflaumen-Birnen-Drink 118
- Pflaumen-Kiwi-Smoothie 109
- Pflaumenpunsch mit Birne 147
- Pflaumen-Nuss-Drink 98
- Pflaumen-Tamarinden-Shake 27
- Scharfer Melonen-Aprikosen-Drink 91
- Tiefroter Sommersmoothie 58

Pitahaya (Drachenfrucht)
- Drachen-Erfrischer 52
- Rosarote Pitahaya 148
- Sanfter Tropentraum 32

Preiselbeeren
- Birnen-Romano-Smoothie 118
- Orangen-Preiselbeer-Smoothie 133
- Preiselbeer-Sprossen-Smoothie mit Tonka-Milchschaum 167

R

Rote Bete
- Deep-Purple-Smoothie 126
- Rote-Bete-Cashew-Drink 39
- Rote Bete-Drink 31
- Rote-Bete-Powerdrink 151
- Roter Orangen-Ingwer-Drink 151

Rucola
- Rote-Bete-Cashew-Drink 39
- Scharfe Gurke 129
- Süßes Löwenherz 65

S

Salat
- Apfel-Berberitzen-Smoothie 139
- Birnen-Romano-Smoothie 118
- Gänseblümchen-Stachelbeere 65
- Green Clementine 36
- Grüner Grapefruit-Smoothie 40
- Holunderdrink mit Kopfsalat 114
- Kokos-Melonen-Smoothie 72
- Oktober-Smoothie 121
- Salat-Kaki-Bananen-Smoothie 113
- Scharfe Gurke 129
- Scharfer Melonen-Aprikosen-Drink 91
- Süßes Sellerie-Rosinchen 112
- Tiefroter Sommersmoothie 58
- Wilde Nektarine 65

Salatgurke
- Birnen-Gurken-Smoothie 129
- Gurken-Drink mit Asia-Aromen 101
- Gurken-Tomaten-Lassi 76
- Saure Gurke 27
- Scharfe Gurke 129

Sanddorn
- Bananen-Sanddorn-Kefir 48
- Birnen-Sanddorn-Smoothie 30
- Sanddorn-Himbeer-Drink 44
- Walnuss-Sanddorn-Milch 44

Seidentofu
- Blaubeer-Tofu-Lassi 72
- Papaya-Ananas-Drink 140
- Trauben-Basilikum-Smoothie mit Seidentofu 106

Spinat
- Frühlingsbote 51
- Grüne Ananas 168
- Grüner Paradiesfrüchte-Smoothie 32
- Paprika-Avocado-Drink 126
- Smoothie grün + grün 20
- Spinat-Feige 113
- Spinat-Melonen-Erfrischer 76
- Wilde Nektarine 65

Sprossen
- Berberitzen-Birnen-Smoothie 139
- Fruchtiger Sprossen-Drink 163
- Kaki-Goji-Smoothie 52
- Litschi mit Sprossen 171
- Preiselbeer-Sprossen-Smoothie mit Tonka-Milchschaum 167
- Wachmacher 36

Stachelbeeren
- Gänseblümchen-Stachelbeere 65
- Pfirsich-Stachelbeer-Snack 75
- Stachelbeerdrink mit Möhrengrün 83

Staudensellerie
- Staudensellerie-Joghurt-Drink 125
- Süßes Sellerie-Rosinchen 112

T

Tomaten
- Abendrot 92
- Gurken-Tomaten-Lassi 76
- Mexikanischer Tomatendrink 101
- Papaya-Tomaten-Smoothie 130
- Pesto Rosso-Smoothie 130
- Spinat-Melonen-Erfrischer 76
- Tomaten-Mango-Süppchen 147

Trauben /-saft
- Cassis-Rosmarin-Smoothie 83
- Hot Grape-Drink 122
- Karobsüßer Traubendrink 109
- Kohlrabi-Trauben-Smoothie 106
- Mango-Kirsch-Drink 164
- Sangria-Smoothie 156
- Schichtdrink mit Sesamsalz 97
- Trauben-Basilikum-Smoothie mit Seidentofu 106

W

Wassermelone
- Melo-Möhre 91
- Scharfer Melonen-Aprikosen-Drink 91
- Süßes Sellerie-Rosinchen 112

© 2015 Stiftung Warentest, Berlin

Stiftung Warentest
Lützowplatz 11–13
10785 Berlin
Telefon 0 30/26 31-0
Fax 0 30/26 31-25 25
www.test.de
email@stiftung-warentest.de

USt.-IdNr.: DE136725570

Vorstand: Hubertus Primus
Weitere Mitglieder der Geschäftsleitung:
Dr. Holger Brackemann, Daniel Gläser

Alle veröffentlichten Beiträge sind urheberrechtlich geschützt. Die Reproduktion – ganz oder in Teilen – bedarf ungeachtet des Mediums der vorherigen schriftlichen Zustimmung des Verlags. Alle übrigen Rechte bleiben vorbehalten.

Programmleitung: Niclas Dewitz

Autorin: Astrid Büscher
Projektleitung, Lektorat: Friederike Krickel
Mitarbeit: Florian Ringwald, Dr. Karsten Treber
Korrektorat: Hartmut Schönfuß, Berlin

Gestaltung, Art Direction, Layout: Axel Raidt, Berlin
Fotografie: Knut Koops, Berlin
Foodstyling: Frauke Koops, Geesthacht
Illustrationen: Svenja Borghans, Herzogenrath

Produktion: Vera Göring
Verlagsherstellung: Rita Brosius (Ltg.), Susanne Beeh
Litho: tiff.any, Berlin
Druck: Schreckhase, Spangenberg

ISBN: 978-3-86851-415-5